CB122891

O Direito a Procriar por Técnicas Laboratoriais de Reprodução

O Direito a Procriar por Técnicas Laboratoriais de Reprodução

CONSIDERAÇÕES E RESTRIÇÕES LEGAIS

2023

Leonardo Castro de Bone

ALMEDINA

O DIREITO A PROCRIAR POR TÉCNICAS LABORATORIAIS DE REPRODUÇÃO
CONSIDERAÇÕES E RESTRIÇÕES LEGAIS
AUTOR
Leonardo Castro de Bone
EDITOR
EDIÇÕES ALMEDINA, S.A.
Avenida Emídio Navarro, 81, 3D
3000-151 Coimbra
Tel.: 239 851 904 · Fax: 239 851 901
www.almedina.net · editora@almedina.net
DESIGN DE CAPA
FBA.
CAPA
EDIÇÕES ALMEDINA, S.A.
PRÉ-IMPRESSÃO
EDIÇÕES ALMEDINA, S.A.

IMPRESSÃO E ACABAMENTO

Março, 2023

ISBN
978-989-40-1080-7

DEPÓSITO LEGAL
....

Os dados e as opiniões inseridos na presente publicação são da exclusiva responsabilidade do(s) seu(s) autor(es).
Toda a reprodução desta obra, por fotocópia ou outro qualquer processo, sem prévia autorização escrita do Editor, é ilícita e passível de procedimento judicial contra o infrator.

ALMEDINA | GRUPOALMEDINA

A meus professores e mestres,
Doutores Carlos Pamplona Corte-Real e Jorge Duarte Pinheiro,
por compartilharem seus preciosos ensinamentos em sala de aula.

NOTA PRÉVIA

O presente livro corresponde, na sua essência, ao relatório apresentado na disciplina de Direito Civil III, no ano letivo 2021/2022, quando do primeiro ano do Doutoramento em Direito e Ciências Jurídico-Civis da Universidade de Lisboa, sob a orientação dos Professores Doutores Carlos Pamplona Corte-Real e Jorge Duarte Pinheiro. Por se tratar de versão comercial, optou-se por algumas modificações e inserções, tendo-se aproveitado para atualizar as referências legais. Apesar do cuidado e rigor despendido na elaboração desta obra, recomenda-se que os diplomas legais aqui referenciados sejam sempre objeto de confirmação junto às publicações oficiais, especialmente se considerada as alterações legislativas posteriores a nossa publicação.

INDICAÇÕES DE LEITURA

- A escrita utilizada no presente estudo segue o novo acordo ortográfico, com exceção das transcrições legais e citações realizadas, que respeitaram o texto original, sem alteração ou adaptação ao novo acordo.
- Nas obras estrangeiras não traduzidas para a língua portuguesa, preservou-se as citações no idioma original, em atenção às particularidades da língua. Em alguns casos, optou-se, porém, pela tradução livre e citação em português. Excepcionalmente utiliza-se obras traduzidas, com referência ao tradutor.
- Quanto às citações bibliográficas em notas de rodapé, adotou-se a referência completa apenas na primeira citação da obra no trabalho, mas em citações posteriores da mesma obra recorreu-se à referência abreviada, que conservará o nome do(s) autor(es), o primeiro título da obra, o tomo ou volume (quando for o caso) e a página.
- Os textos, documentos e notícias disponibilizados na internet serão referenciados de maneira abreviada em nota de rodapé. O *link* para acesso poderá ser consultado ao final do livro.
- As referências completas estarão arroladas ao final do livro, que estarão organizadas em ordem alfabética, respeitando-se a ordem cronológica de publicação quando se tratar de obras do mesmo autor (da mais antiga à mais nova).
- Na citação de jurisprudência sempre constará o tribunal correspondente, a data e o número do processo (ou a designação pela qual o caso é conhecido), podendo o modo de citação, quando necessário,

variar de acordo com a forma habitual de referência adotada no país de origem.

- As fontes legislativas serão citadas apenas em nota de rodapé, preservando-se, sempre que possível, as referências no idioma original.

LISTA DE SIGLAS E ABREVIATURAS

AAFDL	Associação Académica da Faculdade de Direito de Lisboa
abr.	abril
ac.	Acórdão
ACSS	Administração Central do Sistema de Saúde
ago.	agosto
al.	alínea
ampl.	ampliada
art., arts.	artigo, artigos
atual.	atualizada
BVerfGE	*Bundesverfassungsgerich*
CC	Código Civil
c/c	combinado com
CEDH	Convenção Europeia dos Direitos do Homem
CFM	Conselho Federal de Medicina
cfr.	conferir
CIDH	Corte Interamericana de Direitos Humanos
CIJE	Centro de Investigação Jurídico-Económica
CNECV	Conselho Nacional de Ética para as Ciências da Vida
CNPMA	Conselho Nacional de Procriação Medicamente Assistida
coord., coords.	coordenador, coordenadores
CP	Código Penal
CRP	Constituição da República Portuguesa
CSP	*Code de la Santé Publique*
dez.	dezembro

DGPI	Diagnóstico Genético Pré-implantacional
DGS	Direcção-Geral da Saúde
DH-CII	Direitos Humanos – Centro de Investigação Interdisciplinar
DNA	*Desoxyribonucleic Acid*
DPN	Diagnóstico pré-natal
DUDH	Declaração Universal dos Direitos Humanos
ed.	edição
edt., edts.	editor, editores
EDUM	Escola de Direito da Universidade do Minho
ESHRE	*European Society of Human Reproduction and Embryology*
etc.	et cetera
EUA	Estados Unidos da América
ESchG	*Embryonenschutzgesetz*
FDUC	Faculdade de Direito da Universidade de Coimbra
FDUP	Faculdade de Direito da Universidade do Porto
fev.	fevereiro
FIV	Fertilização *In Vitro*
FIVETE	Fertilização *In Vitro* seguida de Transferência de Embriões
FmedG	*Fortpflanzungsmedizingesetz*
GIFT	Transferência Intratubária de Gametas
HFEA	*Human Fertilization and Embryology Act*
HIV	*Human immunodeficiency virus*
IA	Inseminação Artificial
ICSI	Injeção Intracitoplasmática de Espermatozoides
IIU	Inseminação Intrauterina
IVG	Interrupção Voluntária da Gravidez
jan.	janeiro
jul.	julho
jun.	junho
JUSGOV	Centro de Investigação em Justiça e Governação
LPMA	Lei de Procriação Medicamente Assistida
n.º, n.os	número, números
n.p.	não paginado
OMS	Organização Mundial de Saúde

org., orgs.	organizador, organizadores
out.	outubro
p., pp.	página, páginas
PDESC	Pacto Internacional dos Direitos Económicos, Sociais e Culturais
PMA	Procriação Medicamente Assistida
reimpr.	reimpressão
rev.	revista
ss.	seguintes
set.	setembro
SET	*Single Embryo Transfer*
SNS	Serviço Nacional de Saúde
STJ	Supremo Tribunal de Justiça/Superior Tribunal de Justiça
TEDH	Tribunal Europeu dos Direitos do Homem
TET	Transferência Intratubária de Embriões
TGIVF	Fertilização *In Vitro* Trigâmetica
trad.	tradução
v.g.	*verbi gratia*
vol.	volume
ZIFT	Transferência Intratubária de Zigotos

PREFÁCIO

A presente obra perspetiva uma nova visão sobre o direito à reprodução. As técnicas artificiais utilizadas na procriação assistida permitem configurar um direito a ter filhos mesmo daqueles que, biologicamente, os não pudessem ter.

Há, pois, uma diversa projeção do direito à reprodução, que passa pelo direito a exigir do Estado a utilização das técnicas médicas que propiciam a reprodução, ainda quando geneticamente tal não seja viável aos indivíduos, salvaguardando-se, contudo, uma igual dignidade e eficácia jurídica da parentalidade.

Em suma, o recurso à PMA (Procriação medicamente assistida) é, atualmente, um direito instrumental convertido em direito estrutural na orgânica social.

Esta obra particularmente interessante, inspirada numa leitura constitucional, disseca um novo enquadramento do direito à filiação, numa ótica solidária, amparada nos atuais recursos médicos. Valerá a pena, sem dúvida, lê-la e meditar no seu alcance.

Carlos Pamplona Corte-Real
Jorge Duarte Pinheiro
Professores da Faculdade de Direito da Universidade de Lisboa

ÍNDICE

Introdução

1. Apresentação do problema

A reprodução humana[1], enquanto processo de procriação sexuada, pressupõe o recurso a dois componentes genéticos distintos, um da pessoa do sexo feminino (óvulo) e outro da pessoa do sexo masculino (espermatozoide), designadas por gametas ou células reprodutoras masculina e feminina. Ocorrendo a fertilização do óvulo pelo espermatozoide (processo conhecimento por fecundação) forma-se um zigoto, que se desenvolve por um complexo processo de divisão e diferenciação celular transformando-se, posteriormente, em embrião[2].

Até certo momento, esse processo ocorria de forma relativamente simples: pressupunha-se a existência de uma relação sexual entre um homem e uma mulher[3], reservado a um projeto íntimo e desenvolvido exclusivamente entre o

[1] Apesar de alguns autores utilizarem os termos "reprodução" e "procriação" em momentos distintos, como MARCOVITCH, Harvey, *Black's Medical Dictionary*, 42ª ed., A & C Black, Londres, 2009, pp. 217 e 517, que utiliza o termo *procreation* para se referir ao processo de procriação laboratorial e *reproduction* para se referir a reprodução derivada do ato sexual, adota-se, conscientemente, ambos os termos como sinônimos, tanto para reprodução/procriação sexual, quanto para reprodução/procriação laboratorial (*v.g.*, IA, FIV e ICSI).

[2] MARCOVITCH, Harvey, *Black's Medical Dictionary...*, p. 251.

[3] Como recorda ASCENSÃO, José de Oliveira, Procriação Assistida e Direito, In: *Estudos em homenagem ao Professor Doutor Pedro Soares Martínez*, vol. 1, Almedina, Coimbra, 1998, p. 645-676, p. 646, existia um nexo muito estreito entre sexualidade e reprodução, sendo que a "reprodução resultava sempre do relacionamento sexual; e o relacionamento sexual era regulado atendendo à sua potencialidade natural para ocasionar a reprodução". Esta ligação

casal, numa espécie de "trabalho a dois"[4]. Em termos jurídicos, o Direito não tinha muito o que dizer. Salvo discussões sobre regras de filiação, controle de natalidade[5] e hipóteses de interrupção voluntária da gravidez, a reprodução humana, quando resulta da prática sexual, é praticamente livre.

Em contrapartida, no campo da procriação com recurso às técnicas laboratoriais de reprodução, esse processo assume feições mais complexas. Graças aos avanços na medicina reprodutiva, o nexo de causa e efeito entre sexo e reprodução ruiu[6] e "*the most private, intense moments between a woman and a man were laid bare, through IVF, for a lab assault and analysis*"[7]. A natureza perde forças e o homem intervem, mais diretamente[8], no "milagre da vida", ao ponto de se afirmar, curiosamente, "*we must play God*"[9]. Temos assistido, por exemplo, a procriação por casais considerados medicamente inférteis, por casais do mesmo sexo ou por pessoas sozinhas, a utilização dos ovócitos de duas mulheres para gerar uma criança, a concepção de uma vida humana fora do útero materno, a escolha de características não médicas do futuro filho, a clonagem reprodutiva, a reprodução após a morte e até mesmo o uso da Inteligência Artificial na reprodução humana.

entre reprodução e sexualidade, como anota RAPOSO, Vera Lúcia, *Direito à Imortalidade: o exercício de direitos reprodutivos mediante técnicas de reprodução assistida e o estatuto jurídico do embrião in vitro*, Almedina, Coimbra, 2014, p. 43, parecia a mais inquebrável das dependências.

4 Por se entender "ser matéria do foro exclusivamente privado, que se prende com os sentimentos mais íntimos que o mundo jurídico é incapaz de regular" (RAPOSO, Vera Lúcia, *Direito à Imortalidade...*, p. 52).

5 As regras sobre o controle de natalidade eram muito comuns na República Popular da China, que em 2015 deixou de existir (cfr. Envelhecida e desequilibrada, China põe fim à política de filho único, *Público*, outubro de 2015).

6 Com o surgimento das técnicas de procriação medicamente assistida, "a reprodução deixou de ter como antecedente necessário a sexualidade" (ASCENSÃO, José de Oliveira, Procriação Assistida e Direito..., p. 646). Pode-se falar hoje, como anota RAPOSO, Vera Lúcia, *Direito à Imortalidade...*, p. 44, que vivemos numa sociedade onde há sexo dentro e fora do casamento, filhos dentro e fora do casamento e filhos nascidos do sexo e nascidos sem sexo.

7 HENIG, Robin Marantz, *Pandora's Baby: How the First Test Tube Babies Sparked the Reproductive Revolution*, Houghton Mifflin Company, Boston, 2004, p. 6.

8 Não se ignora que a intervenção humana na reprodução não é prática nova, porque "desde sempre se recorreu a meios mais ou menos duvidosos (ervas, mágicos, rezas, mezinhas)", como nota RAPOSO, Vera Lúcia, *Direito à Imortalidade...*, p. 44.

9 JONES, Gareth, *Designers of the Future: Who should make the decisions?*, Monarch Books, Oxford, 2005, pp. 149-151.

Ainda que a ciência reprodutiva aponte evoluções em um futuro próximo[10], o que romperá por completo princípios básicos da reprodução humana, interessa-nos notar, desde logo, que a procriação quando ocorre com recurso às técnicas de PMA, passou a exigir maior atenção de todos nós, operadores do direito, o que demanda algum tipo de resposta jurídica. Se é certo que o direito à reprodução implica necessariamente numa liberdade do indivíduo, não parece tão evidente que essa autonomia, comum às relações íntimas entre uma mulher e um homem, aplica-se à procriação por técnicas laboratoriais de reprodução, que carece de uma maior intervenção estatal. Quer dizer, no campo particular da procriação medicamente assistida, aquela zona de liberdade é obnubilada, porque caberá ao Direito traçar as fronteiras entre o permitido e o proibido, ponderando as virtualidades dos avanços científicos com a proteção dos direitos de outras pessoas (em especial, os direitos da criança que virá a nascer) ou interesses constitucionalmente protegidos.

À vista disso, propomo-nos a estudar uma das principais questões que se colocam no âmbito desses processos reprodutivos: as restrições legais que têm sido impostas no acesso às técnicas de PMA, que resultam numa limitação do exercício desse direito reprodutivo. São critérios que usualmente dizem respeito à idade, estado civil, orientação sexual e condição clínica, que nesse último, nos remete à regra da subsidiariedade. Menos comum, mas igualmente possível, será a adoção de outros limites, por força de uma aplicação analógica de outros preceitos, como a exigência de um estilo de vida saudável, a inexistência de doenças que impossibilitem os progenitores de cuidar dos filhos no futuro, comprovativos que atestem a capacidade e a idoneidade de serem bons pais ou até mesmo um tempo mínimo de relação entre os beneficiários.

Concretamente, buscaremos compreender como e em que medida o próprio Direito poderá intervir na reprodução humana com recurso a essas tecnologias reprodutivas, refletindo quais restrições legais seriam justificáveis e legítimas, e por outro lado, quais seriam de se repudiar, por se revelarem injustificáveis e incompatíveis com o exercício de um direito fundamental a procriar. Essa análise, aliás, se revelará de especial importância, sobretudo

[10] Sobre o futuro das técnicas reprodutivas, cfr. capítulo II, "2.3.2. Um pequeno adendo para o futuro das técnicas". Também sobre a análise de outros novos desafios jurídicos suscitados pela PMA, cfr. REIS, Rafael Vale e, *Procriação medicamente assistida: Gestação de substituição, anonimato do dador e outros problemas*, Gestlegal, Coimbra, 2022, pp. 45-57.

porque determinadas restrições acabam por excluir o acesso a certos indivíduos, que têm a PMA como única forma possível de terem filhos biologicamente seus (ou pelo menos de aparência biológica).

Ao final, nossa pesquisa possui dois objetivos, que se cumpridos, damo-nos por satisfeitos: (*i*) contribuir para o debate científico envolvendo o direito a procriar, especialmente aquele que é exercido por técnicas laboratoriais de reprodução; e (*ii*) servir de baliza para formulações (ou reformulações) das restrições impostas a nível legislativo, sobretudo no âmbito da Lei n.º 32/2006, de 26 de julho, também designada por LPMA, que regula a utilização das técnicas de procriação medicamente assistida em Portugal.

2. Ordem de exposição

De modo a alcançar os objetivos propostos, dividiremos nossa investigação em três capítulos, antecedidos desta introdução, seguidos das conclusões.

Quanto ao primeiro capítulo, buscaremos compreender a reprodução humana não apenas como um processo biológico, mas também como um direito fundamental. Nas primeiras linhas, faremos uma breve digressão sobre a gênese da reprodução como um direito, o que nos levará a uma análise da jurisprudência da *Supreme Court* norte-americana. Posteriormente, trabalharemos a ideia da reprodução enquanto um direito humano universal, o que nos permitirá afastar percepções que se mostrem equivocadas a nossa construção. Em seguida, será pertinente compreender o conteúdo jurídico desse direito e identificar a base normativa para sua fundamentação.

No segundo capítulo, adentraremos mais profundamente na própria procriação medicamente assistida, para compreendermos não apenas seus traços essenciais mas também – e principalmente – a possibilidade de considerarmos a reprodução humana por PMA um direito fundamental. Da erosão do processo reprodutivo, faremos uma abordagem jurídica da procriação assistida, passando por uma rápida definição conceitual, uma necessária distinção entre processos homólogos e heterólogos, um excurso sobre as técnicas de PMA e as particularidades da constituição dos vínculos jurídicos de filiação decorrente dessas técnicas. Após a consolidação dessa base, buscaremos fundamentar as razões pelas quais podemos conferir um recorte conceitual alargado do direito a procriar, para incluir também a reprodução por técnicas laboratoriais. No seguimento dessa análise, não podemos deixar de considerar alguns importantes contributos a nível jurisprudencial, que tem vindo a reconhecer a existência desse direito, bem como as soluções a nível legislativo, que tem vindo a admitir o acesso a essas técnicas. Por último, será útil afastarmos a via adotiva como argumento contrário ao uso da procriação assistida.

Já o terceiro e último capítulo, segue a tônica da pesquisa e será inteiramente dedicado às restrições legais impostas ao exercício desse direito a procriar por técnicas, não limitando nossa análise aos critérios que usualmente aparecem ou só aqueles que são vistos em Portugal. Nele buscamos, sobretudo, refletir criticamente quais restrições apresentam uma justificativa suficiente na limitação de um direito fundamental a procriar por PMA e quais seriam de se repudiar, por se revelarem injustificáveis ou até mesmo por nos remeter a padrões moralistas. O percurso para desenvolver esse problema será longo e dará corpo ao estudo de oito critérios: idade, estado civil, orientação sexual, subsidiariedade, racionamento, estado de saúde, diligência parental e lapso temporal.

Capítulo I – A reprodução humana como um direito

1. Breve digressão sobre a gênese dos direitos reprodutivos

A ideia de "direitos reprodutivos" se consolidou a nível universal com a *International Conference on Population and Development*, realizada no Cairo em 1995, e a *The Fourth World Conference on Women*, ocorrida em Pequim em 1995[11]. Ainda assim, a configuração da reprodução como um direito teve sua origem na jurisprudência norte-americana[12]. Essencialmente ligada a reprodução no seu aspecto negativo (direito à não reprodução), analisando questões como o uso de anticoncepcionais, aborto e esterilização, o contributo da jurisprudência norte-americana também pode ser estendido ao direito à reprodução enquanto liberdade positiva (direito a ter filhos).

Numa digressão histórica, a primeira vez que a *Supreme Court* se pronunciou sobre um "direito à reprodução" foi em 1923 no caso *Meyer v. Nebraska*. Apesar de o Tribunal discutir a lei do Estado de Nebraska que proibia o ensino de crianças em idade escolar em qualquer idioma que não seja o inglês, reconheceu que o *due process clause* garantido na *Fourteenth Amendment*, protege o direito do indivíduo de contratar, de se envolver em qualquer uma das ocupações comuns da vida, de adquirir conhecimentos úteis e "*to marry, establish*

[11] Como explica LAMM, Eleonora, *Gestación por sustitución. Ni maternidade subrogada. Ni alquiler de vientres*, ed. em e-book, Universitat de Barcelona, Barcelona, 2013, p. 230.

[12] RAPOSO, Vera Lúcia, Direitos reprodutivos, *Lex Medicinae*, ano 2, n.º 3, 2005, p. 111-131, p. 112.

a home and bring up children"[13]. Posteriormente, no caso *Buck v. Bell*, de 1927, discutia-se uma lei do Estado da Virgínia que obrigava mulheres portadoras de doenças mentais a se submeterem a esterilização, oportunidade em que o tribunal entendeu pela não inconstitucionalidade e possibilidade de se retirar dessas mulheres seu direito à reprodução, para impedir a nação de ser inundada por incompetentes "*three generations of imbeciles are enough*"[14]. Já em 1942, no caso *Skinner v. Oklahoma*, quando se discutia a *Oklahoma's Criminal Sterilization Act of 1935*, que permitia que o Estado de Oklahoma esterilizasse uma pessoa que havia sido condenada três ou mais vezes por certos tipos de crimes, o tribunal considerou a reprodução "*one of the basic civil rights of man*"[15] (apesar de nessa época a reprodução ser ligada a figura do casamento[16]).

Mais tarde, em 1965, no caso *Griswold v. Connecticut*, a *Supreme Court* declarou inconstitucional uma lei do Estado de Connecticut que proibia o uso de qualquer droga, dispositivo médico ou outro instrumento para promover a contracepção (anticoncepcionais), por entender que "*a right to privacy can be inferred from several amendments in the Bill of Rights, and this right prevents states from making the use of contraception by married couples illegal*"[17]. Mais adiante, nos casos *Eisenstadt v. Baird*[18] e *Carey v. Population Services International*[19], esse direito foi estendido às pessoas não casadas e aos menores de idade, respectivamente.

Já no caso *Roe v. Wade*[20], de 1973, inaugurou-se o aborto como um direito reprodutivo (direito a não ter filhos). No julgamento, a *Supreme Court* norte-americana foi instada a se manifestar sobre a ação movida por Jane Roe (nome fictício usado em documentos judiciais) contra Henry Wade (procurador do

[13] *Meyer v. Nebraska*, 262 U.S. 390 (1923).

[14] *Buck v. Bell*, 274 U.S. 200 (1927).

[15] *Skinner v. Oklahoma*, 316 U.S. 535 (1942).

[16] "*We are dealing here with legislation which involves one of the basic civil rights of man. Marriage and procreation are fundamental to the very existence and survival of the race*" (*Skinner v. Oklahoma*).

[17] *Griswold v. Connecticut*, 381 U.S. 479 (1965). o Tribunal decidiu que a Constituição de fato protegia o direito à privacidade conjugal contra as restrições estatais à contracepção. Embora o Tribunal tenha explicado que a Constituição não protege explicitamente um direito geral à privacidade, as várias garantias contidas na Declaração de Direitos criam penumbras, ou zonas, que estabelecem o direito à privacidade. Juntas, a *First, Third, Fourth, and Ninth Amendments* criam o direito à privacidade nas relações conjugais.

[18] *Eisenstadt v. Baird*, 405 U.S. 438 (1972).

[19] *Carey v. Population Services International*, 431 U.S. 678 (1977).

[20] *Roe v. Wade*, 410 U.S. 113 (1973).

distrito de *Dallas County*), contestando uma lei do Estado do Texas que tornava o aborto ilegal, exceto por recomendações médicas e com propósito de salvar a vida da mulher grávida (situação em que o aborto seria permitido). Em sua ação, Roe alegou que as leis estaduais eram inconstitucionalmente vagas e reduziam seu direito à privacidade pessoal, protegido pelas *First, Fourth, Fifth, Ninth, and Fourteenth Amendments.* Em primeira linha, o Tribunal considerou que, apesar de a "*Constitution does not explicitly mention any right of privacy*", em um histórico de decisões a Corte já reconheceu um direito à privacidade pessoal ou uma garantia de certas áreas ou zonas de privacidade protegidas pela Constituição[21] (estendendo-se também esse direito à atividades relacionadas ao casamento, procriação, contracepção, relações familiares e educação de crianças[22]), o que levou a *Supreme Court* a concluir que a *due process clause of the Fourteenth Amendment* é um direito à privacidade fundamental que protege a escolha de uma mulher grávida em realizar o aborto.

Todavia, concluiu também que esse *right to privacy* não conferiria total liberdade à mulher para fazer aquilo que desejasse, devendo ser ponderado pelo *compelling state interest* (como a saúde da mulher e a potencialidade da vida humana). Assim, ficou decidido que no primeiro trimestre da gravidez, o Estado não pode intervir na decisão de abortar (decisão que caberia à mulher grávida e seu médico); no segundo trimestre, o Estado pode impor regulamentos sobre o aborto razoavelmente relacionados à saúde materna; e no terceiro trimestre, quando o feto atinge o ponto de "*viability*", o Estado pode regular

[21] "*In varying contexts, the Court or individual Justices have, indeed, found at least the roots of that right in the First Amendment, Stanley v. Georgia, 394 U. S. 557, 564 (1969); in the Fourth and Fifth Amendments, Terry v. Ohio, 392 U. S. 1, 8-9 (1968), Katz v. United States, 389 U. S. 347, 350 (1967), Boyd v. United States, 116 U. S. 616 (1886), see Olmstead v. United States, 277 U. S. 438, 478 (1928) (Brandeis, J., dissenting); in the penumbras of the Bill of Rights, Griswold v. Connecticut, 381 U.S. at 484-485; in the Ninth Amendment, id. at 486 (Goldberg, J., concurring); or in the concept of liberty guaranteed by the first section of the Fourteenth Amendment, see Meyer v. Nebraska, 262 U. S. 390, 399 (1923). These decisions make it clear that only personal rights that can be deemed 'fundamental' or 'implicit in the concept of ordered liberty,' Palko v. Connecticut, 302 U. S. 319, 325 (1937), are included in this guarantee of personal privacy*" (*Roe v. Wade*).

[22] "*They also make it clear that the right has some extension to activities relating to marriage, Loving v. Virginia, 388 U. S. 1, 12 (1967); procreation, Skinner v. Oklahoma, 316 U. S. 535, 541-542 (1942); contraception, Eisenstadt v. Baird, 405 U.S. at 453-454; id. at 460, 463-465 (...) family relationships, Prince v. Massachusetts, 321 U. S. 158, 166 (1944); and childrearing and education, Pierce v. Society of Sisters, 268 U. S. 510, 535 (1925), Meyer v. Nebraska*" (*Roe v. Wade*).

o aborto ou proibi-lo completamente (para a proteção da vida fetal), desde que as leis contenham exceções nos casos em que o aborto é necessário para salvar a vida ou a saúde da mãe.

Mais tarde, no caso *Planned Parenthood of Southeastern Pa. v. Casey*[23], onde se discutia o direito ao aborto garantido anteriormente por *Roe v. Wade*, o Tribunal afirmou que "*personal decisions relating to marriage, procreation, contraception, family relationships, child rearing, and education (...) are central to the liberty protected by the Fourteenth Amendment*", ideia já defendida por *Eisenstadt v. Baird*[24].

Apesar de outros contributos[25], da jurisprudência norte-americana colacionada denota-se que as decisões relativas à reprodução cabem na inteira disponibilidade de cada um e devem ser tomadas livremente pelo indivíduo, não podendo o Estado envolver-se para além do necessário para salvaguardar direitos de terceiros ou acautelar valores fundamentais da sociedade; essa liberdade vale tanto para a decisão de não ter filhos, como para a decisão de os ter[26].

2. A reprodução enquanto direito humano universal

Antes de avançarmos, cabe registrar uma brevíssima adequação. Frequentemente, o termo "direitos reprodutivos" é citado como um direito das mulheres[27], o que vem a ignorar que a reprodução humana é processo de procriação sexuada, que pressupõe o recurso a dois componentes genéticos distintos, um

[23] *Planned Parenthood of Southeastern Pa. v. Casey*, 505 U.S. 833 (1992).

[24] "*If the right of privacy means anything, it is the right of the individual, married or single, to be free from unwarranted governmental intrusion into matters so fundamentally affecting a person as the decision whether to bear or beget a child*" (*Eisenstadt v. Baird*).

[25] Como nos casos *Lifchez v. Hartigan*, 735 F. Supp. 1361, 1363, N.D. III. (1990); *Davis v. Davis*, 842 Sw 2d588, *Tennesse Supreme Court* (1992) e *Gerber v. Hickman*, 291 F.3d 617, 9th Cir. (2002).

[26] RAPOSO, Vera Lúcia, "Dá-me licença que tenha filhos?": restrições legais no acesso às técnicas de reprodução assistida, *Revista Direito GV*, São Paulo, vol. 15, n.º 2, 2019, p. 4, disponível em: https://doi.org/10.1590/2317-6172201915, acesso em: 11/04/2022.

[27] CORRÊA, Sonia e ÁVILA, Maria Betânia, Direitos sexuais e reprodutivos: pauta global e percursos brasileiros, In: Elza Berquó (org.), *Sexo & vida: panorama da saúde reprodutiva no Brasil*, Unicamp, Campinas, 2003. p. 17-72, p. 20, explica que esta denominação traduzia conceito mais completo e adequado do que o termo "saúde da mulher", para as discussões de autodeterminação reprodutiva das mulheres.

da pessoa do sexo feminino e outro da pessoa do sexo masculino, ou ainda que é um processo igualmente importante para os homens. A razão de ser desta percepção liga-se ao "*woman's body*", como explica Nicolette Priaulx: "*Despite the biological contribution that men make to the reproductive process, as well as the significant emotional, legal, and social responsibilities that fatherhood can also entail, it nevertheless remains the case that for the main part, reproduction occurs through a woman's body*"[28].

Certamente não podemos deixar de reconhecer que essa ideia tem alguma lógica de ser, porque, afinal, em grande parte a reprodução ocorre através do corpo da mulher. Contudo, ainda que se diga isso, bem como se valorize o importante papel da mulher no processo reprodutivo, em especial se considerarmos as especificidades da gravidez, parece-nos mais adequado que os direitos reprodutivos assumam uma carga "*gender neutral*", na medida em que são direitos fundamentais de todas as pessoas[29], tal como a reprodução pressupõe a pluralidade de células reprodutoras[30].

Devemos, portanto, falar em direito reprodutivo como um direito humano universal[31], o que, para nós, mostra-se importante, porque permitiria, ao menos num primeiro momento, garantir o acesso à PMA por homens sozinhos ou casais homossexuais masculinos, em especial se considerarmos o importante significado que essas técnicas podem assumir na concretização desse direito fundamental.

[28] PRIAULX, Nicolette, Rethinking Progenitive Conflict: Why Reproductive Autonomy Matters, *Medical Law Review*, vol. 16, n.º 2, 2008, p. 169-200, p. 180.

[29] RAPOSO, Vera Lúcia, *Direito à Imortalidade...*, p. 125.

[30] Não à toa que a *The Fourth World Conference on Women* de 1995, em Pequim, reconheceu que: "[O]s direitos reprodutivos abrangem certos direitos humanos já reconhecidos em leis nacionais, em documentos internacionais sobre direitos humanos e em outros documentos consensuais. Esses direitos se ancoram no reconhecimento do direito básico de todo casal e de todo indivíduo de decidir livre e responsavelmente sobre o número, o espaçamento e a oportunidade de ter filhos e de ter a informação e os meios de assim o fazer, e o direito de gozar do mais elevado padrão de saúde sexual e reprodutiva. Inclui também seu direito de tomar decisões sobre a reprodução livre de discriminação, coerção ou violência, conforme expresso em documentos sobre direitos humanos". (parágrafo 7.3 do Programa de Ação do Cairo).

[31] FREEDMAN, Lynn P. e ISAACS, Stephen L., Human Rights and Reproductive Choice, *Studies in Family Planning*, vol. 24, n.º 1, jan./fev. 1993, p. 18-30.

3. O conteúdo de um direito à reprodução

O direito à reprodução é a manifestação jurídica do desejo de ter filhos e criá-los, quase universalmente reconhecido como um dos principais benefícios e pontos da existência humana[32]. Sua importância, como se viu, foi discutida pela *Supreme Court* norte-americana, que considerou a reprodução uma das "*major life activities*"[33], "*fundamental to the very existence and survival of the race*"[34].

Seu conteúdo jurídico implica, nos dizeres de Ronald Dworkin, no "*right to control their own role in procreation unless the State has compelling reason for denying them that control*"[35] (sobre esse controle, John Robertson observa que "*the invocation of procreative liberty as a dominant value is not intended to demolish opposition or end discussion (...). No right is absolute. Even procreative liberty can be limited or restricted when adequate cause can be shown. Procreative choices that clearly harm the tangible interests of others are subject to regulation or even prohibition*"[36] – o que se percebeu, por exemplo, no citado *Roe v. Wade*[37]). Em termos mais completos, é o "*basic right of all couples and individuals to decide freely and responsibly the number, spacing and timing of their children and to have the information and means to do so, and the right to attain the highest standard of sexual and reproductive health. It also includes the right of all to make decisions concerning reproduction free of discrimination, coercion and violence*", definição que é oferecida pela *International Conference on Population and Development*, de 1995.

Seguindo esse desenvolvimento, Vera Lúcia Raposo diz-nos que no campo da reprodução por ato íntimo e carnal do sexo o direito de procriar como forma de originar descendência, manifesta-se na liberdade de cada indivíduo em manter relações sexuais com o parceiro que desejar, quando e nas condições

[32] ERIN, Chales e HARRIS, John, Surrogacy, *Baillière's Clinical Obstetrics and Gynaecology*, vol. 5, n.º 3, set. 1991, p. 611-635, p. 631.

[33] *Bragdon v. Abbott*, 524 U.S. 624 (1998).

[34] *Skinner v. Oklahoma*, 316 U.S. 535 (1942).

[35] DWORKIN, Ronald, *Life's Domination: Na Argument about Abortion and Euthanasia*, Alfred A. Knopf, New York, 1993, p. 148.

[36] ROBERTSON, John, *Children of Choice: Freedom and the New Reproductive Technologies*, Princeton University Press, Princeton, 1994, p. 221.

[37] Ponderado pelo *compelling state interest* (como a saúde da mulher e a potencialidade da vida humana).

que escolher, e de não ser forçado a realizar aborto[38]. Não muito diferente, David Archard afirma que o "*right to bear*" é o direito de trazer à existência outro ser humano, o que implica também um direito de liberdade negativo de "*not to be stopped from doing what one could and would otherwise choose to do*" (*v.g.*, direito de não ser esterilizado compulsoriamente ou ser forçado a realizar um aborto)[39]. Também sobre o assunto, Diogo Leite de Campos escreve que estamos "na zona da liberdade, dos direitos da personalidade: todo ser humano tem a faculdade de manter relações sexuais com outrem para ter filhos; dentro ou fora do casamento. Trata-se de uma manifestação da faculdade de cada um de se realizar como «humano»; de prosseguir a sua felicidade. Assiste ao sujeito um direito de excluir terceiros desta esfera pessoal. O Estado e a sociedade, mesmo tendo interesse na substituição da geração, não dispõem de qualquer tutela jurídica para este interesse"[40].

Curiosamente, Marie-Therese Meulders-Klein observa que "*la violence*" deste desejo a procriar é tão poderosa quanto o de não procriar[41]. Relativamente a esse aspecto negativo do direito à reprodução (isto é, o direito à não reprodução), Vera Lúcia Raposo explica que na reprodução coital, estaríamos a falar de um "direito a ter acesso a métodos anticoncepcionais ou a métodos que evitem a nidação do embrião, o direito a ser esterelizado a pedido, o direito a não ser forçado a ter relação sexuais"[42]. Em outros termos, enquanto o direito à reprodução resulta numa liberdade de fazer, o direito à não reprodução implica num não fazer, na escolha de não ter filhos.

Para Glenn Cohen, esse direito seria melhor concebido em 3 dimensões: "*the right not to be a genetic parent*", "*the right not to be a legal parent*", e "*the right*

38 RAPOSO, Vera Lúcia, *Direito à Imortalidade...*, p. 157.

39 ARCHARD, David, *Children: Rights and Childhood*, 2.ª ed., Routledge, Londres, 2004, p. 138.

40 CAMPOS, Diogo Leite de, *Lições de Direito da Família e das Sucessões*, 2ª. ed. rev. e atul., Almedina, Coimbra, 2008, p. 319.

41 MEULDERS-KLEIN, Marie-Therese, Le droit de l'enfant face au droit a l'enfant et les procreations medicalement assistées, *Revue trimestrielle de droit civil*, ano 87, n.º 4, 1988, p. 645-672, p. 663.

42 RAPOSO, Vera Lúcia, *Direito à Imortalidade...*, pp. 146-147. Em contrapartida, ARCHARD, David, *Children...*, p. 138, parece limitar esse direito às mulheres, ao afimar que o direito à não reprodução é um direito de controle sobre o que deve acontecer com o próprio corpo, o que dá as mulheres o direito à contracepção e, mais controversamente, ao aborto.

not to be a gestational parent"[43]. Em crítica à Cohen, Vera Lúcia Raposo assevera que "*the right not to be a legal parent*" enquadra-se melhor numa ideia de direito a não constituir família (do que propriamente um direito à não reprodução), uma vez que o direito à reprodução assume necessariamente uma vertente biológica[44]. Para nós, ainda que se concorde com essa última afirmação ("direito à reprodução assume necessariamente uma vertente biológica"), o que logo mais explicaremos, a norma que mais diretamente consolida os direitos reprodutivos é justamente o direito a constituir família (art. 36.º, n.º 1, da CRP), porque de nada valerá garantir uma certa liberdade reprodutiva sem antes assegurarmos a correspondente relação de paternidade e maternidade.

Por último, caberá duas ressalvas quanto à figura do aborto. Em princípio, o aborto somente poderá ser considerado um direito reprodutivo (em sua vertente negativa), se subsumível às situações legalmente previstas no art. 142.º, do Código Penal, quando trata da IVG não punível; a prática abortiva para fora dessas circunstâncias deverá ser qualificada como abuso do direito, logo, um não-direito[45]. Em outras palavras, devemos ser cautelosos ao enquadrarmos o aborto no catálogo dos direitos à não reprodução, porque, em princípio, não será, exceto se corresponder às hipóteses de salvaguarda legal. Não se verificando essas condições, existirá, em boa verdade, o compromisso em aceitar os resultados de seus atos livremente praticados, numa ideia de responsabilidade reprodutiva[46]. Já a segunda ressalva prende-se à titularidade desse direito, isto é, quanto à decisão de interromper voluntariamente a gravidez. Para nós, a escolha caberá sempre à mulher grávida, desprendida de qualquer interferência do homem. Primeiro porque, nas palavras da lei penal, a decisão caberá ao sujeito determinado "mulher grávida" (n.º 1 do art. 142.º)[47].

[43] COHEN, Glenn, The Constitution and the Rights Not to Procreate, *Stanford Law Review*, vol. 60, n.º 4, fev. 2008, p. 1135-1196, p. 1135.

[44] RAPOSO, Vera Lúcia, *Direito à Imortalidade...*, p. 147.

[45] RAPOSO, Vera Lúcia, *Direito à Imortalidade...*, p. 150.

[46] Nossa afirmação pressupõe que estamos a falar da prática de um ato sexual consentido e desprotegido, sem que se recorra ainda a um método anti-nidatório.

[47] Inclusive, Jorge de Figueiredo Dias e Nuno Brandão anotam que "o consentimento da mulher grávida desempenha o papel de um elemento (...) da justificação", da qual exclui a ilicitude (DIAS, Jorge de Figueiredo, *Comentário Conimbricense do Código Penal*, Parte Especial, tomo 1, arts. 131.º a 201.º, 2.ª ed., Coimbra Editora, Coimbra, 2012, p. 272).

Segundo porque, a despeito de existir relação genética e jurídica entre o homem e o feto, não parece que o legislador tenha vinculado o exercício desse direito a um status biológico ou jurídico, mas sim à liberdade e à integridade física da mulher grávida[48]. É evidente que o feto faz parte do corpo da mulher e, portanto, cabe-lhe a última palavra sobre o que acontece com ele[49]. Ainda que essa posição encontre alguma resistência[50], exigir, por exemplo, o consentimento do marido ou companheiro será uma medida intolerável[51].

[48] O que, aliás, é reforçado com a exigência legal de que a interrupção voluntária da gravidez só possa ocorrer em estabelecimento oficial e sob a supervisão de um profissional médico (afastando-se, com isso, abortos clandestinos e sem qualquer segurança). Para tanto, cf. comentários de J.M. Damião da Cunha, em DIAS, Jorge de Figueiredo, *Comentário Conimbricense do Código Penal...*, p. 227.

[49] PURDY, Laura M., *Reproducing Persons: Issues in Feminist Bioethics*, 1.ª ed., Cornell University Press, Ithaca e Londres, 1996, pp. 88 e ss.

[50] Em sentido contrário, VERA-CRUZ, Eduardo, *Curso Livre de Ética e Filosofia do Direito*, 1.ª ed., Princípia, Cascais, 2010, pp. 229-230 considera que "o aborto não pode ser apenas uma faculdade livremente decidida, por vontade exclusiva da mulher grávida ou com base numa causa não jurisfundada. Se assim pudesse ser, no limite, o homem qu quer ser pai de um filho de uma mãe que quer abortar, como acto unilateral de vontade assim validado pela lei sem mais, via a sua condição jurídica, face ao feto, degradada: de pai, participante na existência do filho-pessoa, para progenitor sem interferência na sua possibilidade de ser pessoa. A desigualdade entre os dois sexos face à maternidade/paternidade, por razões a que só a natureza responde, não pode ser aqui, como em muitas outras matérias, apenas constatada e regulada, mas antes combatida e igualizada, na construção jurídica a erguer sobre o tema. O homem não pode ser discriminado por não poder albergar o filho no seu corpo, nem ser aceite, pelo direito, como um mero objecto na concepção e nos seus efeitos". Reconhecendo que a decisão caberá a mulher, mas a favor de um direito do homem em rejeitar a paternidade de filho nascido contra a sua vontade, cfr. os desenvolvimentos de RIBEIRO, Jorge Martins, *O Direito do Homem a Reijeitar a Paternidade de Filho Nascido Contra a sua Vontade*, Coimbra Editora, Coimbra, 2013.

[51] Nesse enredo, grandes casos judiciais na jurisprudência norte-americana trazem-nos exemplos significativos. Em *Planned Parenthood of Central Missouri v. Danforth*, 428 U.S. 52, 53 (1976), a *Supreme Court* entendeu que o Estado não poderia exigir o consentimento do cônjuge para o aborto de uma mulher casada, declarando que "*the State cannot 'delegate to a spouse a veto power which the state itself is absolutely totally prohibited from exercising'*". Mais tarde, em *Planned Parenthood of Southeastern Pa. v. Casey*, 505 U.S. 833 (1992), a Corte derrubou uma disposição do Estado da Pensilvânia que exigia a notificação do cônjuge em caso de aborto, afirmando que esse direito pertencia apenas à mulher, já que era ela quem carregava o fardo físico da gestação.

3.1. Direito a ter filhos biológicos

Em bom rigor, o direito à reprodução constitui um direito a ter filhos biológicos, isto é, pressupõe a utilização do próprio material genético[52]. Não queremos, com essa afirmação, desvalorizar a parentalidade não fundada em laços biológicos, mas quem adota, por exemplo, não estará a exercer um direito à reprodução propriamente dito, mas sim um direito a constituir família[53].

A ser assim, aponta-se que o direito a procriar pressupõe dois requisitos: (*i*) a ligação biológica com a prole, ou pelo menos uma ligação de aparência biológica, tal como ocorre na PMA heteróloga (que com o recurso aos gametas de um doador permite à pessoa impossibilidade biologicamente de procriar, ter um filho em termos semelhantes ao que ocorre na reprodução coital; trata-se de uma mera aparência que se deseja manter de forma a representar perante a sociedade, o filho e até por si próprio, como progenitor biológico daquela criança, o que é reforçado pelo fato de a seleção de doadores ser pautada em semelhanças fenotípicas); e (*ii*) o desejo de manter a criança para si, constituindo com ela uma família (critério que permite afastar o exercício dos direitos reprodutivos por quem não pretenda constituir família, como é o caso dos doadores de gametas; estarão eles a se reproduzirem em termos biológicos, mas não a exercerem um direito reprodutivo)[54].

Tratando-se de técnicas de procriação medicamente assistida, o que justifica seu recurso é justamente esse caráter biológico, ou pelo menos de aparência biológica. Se assim não fosse, a PMA não seria necessária e as pessoas impedidas por qualquer motivo de ter filhos biológicos teriam suas pretensões satisfeitas com o recurso à adoção[55].

[52] Ainda que não se concorde com as afirmações seguintes a essa citação, não podemos deixar de considerar assertiva a colocação de AGUILAR, Francisco, O Princípio da Dignidade da Pessoa Humana e a Determinação da Filiação em Sede de Procriação Medicamente Assistida, *Revista da Faculdade de Direito da Universidade de Lisboa*, vol. 41, n.º 2, Coimbra Editora, Coimbra, 2000, p. 655-713, p. 672, para quem "o direito a procriar deverá ser entendido como direito a ter filhos próprios (direito à descendência biológica)".

[53] RAPOSO, Vera Lúcia, "Dá-me licença que tenha filhos?"..., p. 3, para quem "a adoção estará englobada no direito a constituir família, mas não no direito à reprodução".

[54] Como explica RAPOSO, Vera Lúcia, "Dá-me licença que tenha filhos?"..., pp. 2-3.

[55] RAPOSO, Vera Lúcia, "Dá-me licença que tenha filhos?"..., pp. 3-4.

3.2. *A identificação do direito à reprodução na ordem jurídica*

Como indica Marie-Therese Meulders-Klein, a relevância atual desse direito leva-o a ser reivindicado como um direito fundamental[56]. Sua qualificação como direito fundamental, como explica Vera Lúcia Raposo, "funda-se na importância que a procriação assume para a espécie humana, não só como colectividade, mas também (e principalmente para aquilo que nos toca aqui referir) para o indivíduo em particular"[57]. Entende-se, afinal, como enfatiza John Robertson, que as experiências reprodutivas são centrais para as concepções pessoais de significado e identidade[58].

Em que pese a reprodução não ser referida de modo expresso nas Constituições modernas enquanto parte integrante do catálogo de direitos fundamentais, não significa isto que esses direitos não possuam assento constitucional[59]. É que o catálogo de direitos fundamentais é, por sua natureza, um catálogo aberto, característica fornecida por seu caráter histórico[60]. Nos ensinamentos de Noberto Bobbio, a historicidade, como característica dos direitos fundamentais, revela que esses direitos são "nascidos em certas circunstâncias, caracterizadas por lutas em defesa de novas liberdades contra velhos poderes, e nascidos de modo gradual, não todos de uma vez e nem de uma vez por todas"[61]. Em conformidade com Bobbio, Gregorio Peces--Barba também explica que os direitos fundamentais são conceitos históricos e se desenvolvem ao condicionalismo da realidade social que os rodeiam[62]. Quer dizer isto que este catálogo pode ser estendido, enriquecido com o passar do tempo[63].

56 MEULDERS-KLEIN, Marie-Therese, Le droit de l'enfant..., p. 663.

57 RAPOSO, Vera Lúcia, *Direito à Imortalidade...*, p. 118.

58 ROBERTSON, John, *Children of Choice...*, p. 4.

59 RAPOSO, Vera Lúcia, *Direito à Imortalidade...*, p. 193.

60 RAPOSO, Vera Lúcia, *Direito à Imortalidade...*, p. 63.

61 BOBBIO, Norberto, *A Era dos Direitos*, 13.ª reimpr., trad. de Carlos Nelson Coutinho, Editora Campus, Rio de Janeiro, 1992, p. 05.

62 PECES-BARBA, Gregorio, *Curso de Derechos Fundamentales: teoria general*, Universidad Carlos III de Madrid, Madrid, 1995, p. 146.

63 Até porque, como pontua BALKIN, Jack M., The Framework Model and Constitutional Interpretation, In: David Dyzenhaus e Malcolm Thorburn (edts.), *Philosophical foundations of Constitutional Law*, Oxford University Press, Oxford, 2016, p. 241-264, p. 241, a interpretação constitucional é uma arte de aplicar uma constituição fixa a circunstâncias mutáveis.

Em Portugal, a própria CRP reconhece no n.º 1 do art. 16.º, o caráter não taxativo atribuído a esses direitos. Trata-se, como denominam Gomes Canotilho e Vital Moreira, de uma "perspectiva aberta dos direitos fundamentais"[64], o que permite reconhecer outros direitos para além daqueles expressamente previstos no texto constitucional. Jorge Miranda, ao designar de "cláusula aberta ou de não tipicidade", explica que essa percepção "deriva da própria ideia de dignidade da pessoa humana cuja realização está para além de qualquer catálogo fixo"[65]. Para o constitucionalista português, "a realização individual de cada homem ou mulher não se cinge a este ou àquele acervo de direitos declarados em certo momento"[66].

Na realidade espanhola, por exemplo, autores como Antonio Vela Sánchez[67], Yolanda Gomez Sanchez[68] e Ana Berrocal Lanzarot[69] convergem ao sustentarem que há base constitucional que ampare um verdadeiro direito fundamental à reprodução. Concretamente, apontam a liberdade como valor superior do ordenamento jurídico, e a dignidade da pessoa como expressão do reconhecimento dos seus direitos e do livre desenvolvimento da personalidade.

Em Portugal, ainda que certa doutrina hesite em reconhecer a existência de um direito fundamental a procriar[70], parece-nos que da cláusula de não

[64] CANOTILHO, J.J. Gomes e MOREIRA, Vital, *A Constituição da República Portuguesa Anotada*, vol. 1, 4.ª ed. rev., Coimbra Editora, Coimbra, 2007, p. 365.

[65] Em anotação ao art. 16.º, n.º 1, da CRP (MIRANDA, Jorge e MEDEIROS, Rui, *Constituição Portuguesa anotada*, tomo 1, Coimbra Editora, Coimbra, 2005, p. 138). Ainda sobre a abertura constitucional a novos direitos fundamentais, cfr. MIRANDA, Jorge, A abertura constitucional a novos direitos fundamentais, In: Ruy de Albuquerque e Martin de Martim de Albuquerque (coords.), *Estudos em Homenagem ao Professor Doutor Manuel Gomes da Silva*, Coimbra Editora, Coimbra, 2001, p. 559-572.

[66] MIRANDA, Jorge, *Manual de Direito Constitucional*, tomo 4, 3.ª ed. rev. e atual., Coimbra Editora, Coimbra, 2000, p. 165.

[67] VELA SÁNCHEZ, Antonio, El derecho a elegir el sexo de los hijos, *La Ley: Revista jurídica española de doctrina, jurisprudencia y bibliografía*, n.º 1, 2007, p. 1697-1709, p. 1697 e ss.

[68] GOMEZ SANCHEZ, Yolanda, *El Derecho a la Reproducción humana*, Marcial Pons, Madrid, 1994, p. 151.

[69] BERROGAL LANZAROT, Ana, Análisis de la nueva Ley 14/2006, de 26 de mayo sobre técnicas de reproducción humana asistida. Una primera aproximación a su contenido, *Revista de la Escuela de Medicina Legal*, jan. 2007, p. 40-70, p. 42.

[70] Como no caso de ARAÚJO, Fernando, *A procriação assistida e o problema da santidade da vida*, Almedina, Coimbra, 1999, pp. 19-21.

tipicidade dos direitos fundamentais (art. 16.º, n.º 1, da CRP), pode-se afirmar que a reprodução é um direito fundamental, o qual deriva do princípio da dignidade humana (art. 1.º, da CRP), do direito à intimidade e reserva da vida privada e familiar (art. 26.º, n.º 1, da CRP), do direito ao desenvolvimento da personalidade (art. 26.º, n.º 1, da CRP) e, de forma mais direta, do direito a constituir família (art. 36.º, n.º 1, da CRP)[71]. A dignidade, desde logo, enquanto expressão da própria realização da pessoa como ser humano[72]. O direito à intimidade e reserva da vida privada e familiar porque questões relativas à vida sexual e reprodutiva são decisões de foro íntimo, deixadas na livre disposição de cada indivíduo, onde o Estado não se deve imiscuir[73]. O direito ao desenvolvimento da personalidade porque se trata de permitir

[71] Dentre outros, a favor do reconhecimento da reprodução como um direito, cfr. MIRANDA, Jorge e MEDEIROS, Rui, *Constituição Portuguesa anotada*, tomo 1..., p. 813; CANOTILHO, J.J. Gomes e MOREIRA, Vital, *A Constituição da República Portuguesa Anotada*, vol. 1..., p. 567; OLIVEIRA, Guilherme de, Aspectos jurídicos da procriação assistida, In: *Temas de Direito da Medicina I*, Coimbra Editora, Coimbra, 1999, p. 73-90, p. 06; PINHEIRO, Jorge Duarte, *Direito da Família Contemporâneo*, 6.ª ed., AAFDL, Lisboa, 2018, pp. 67-68; e RAPOSO, Vera Lúcia, *Direito à Imortalidade...*, p. 372.

[72] Para ROBERTSON, John, *Children of Choice...*, p. 24, é precisamente esta dimensão íntima que melhor captura a importância da liberdade de procriação: "*Control over whether one reproduces or no this central to personal identity, to dignity, and to the meaning of one's life*". Também enfatizando a centralidade desta dimensão íntima é JACKSON, Emily, *Regulating Reproduction: Law, Technology and Autonomy*, Hart Publishing, Oxford, 2001, p. 7: "*When we disregard an individual's reproductive preferences, we undermine their ability to control one of the most intimate spheres of their life. Our reproductive capacity or incapacity indubitably has a profound impact upon the course of our lives, and decisions about whether or not to reproduce are among the most momentous choices that we will ever make. ...I would argue that reproductive freedom is sufficiently integral to a satisfying life that it would be recognized as a critical "conviction about what helps to make a life good". Insofar as it is now possible for individuals to decide if, whether or when to reproduce, depriving them of this control significantly interferes with their capacity to live their life according to their own beliefs and practices*". Seguindo os desenvolvimento de Roberton e Jackson, cfr. PRIAULX, Nicolette, Rethinking Progenitive Conflict..., pp. 174-177.

[73] RAPOSO, Vera Lúcia, *Direito à Imortalidade...*, p. 290. A esse propósito, o TEDH considerou que o conceito de "vida privada" (art. 8.º, da CEDH), não era apenas o direito à privacidade, mas também, em certa medida, o direito de estabelecer e desenvolver relações com outros seres humanos (*X v. Iceland*, [n.º 6825/74], decisão de 13 de maio de 1976). Posteriormente, o fez referência expressa a interferencia inadmissível do Estado no direito do indivíduo ao respeito por sua vida sexual (*X and Y v. The Netherlands*, [n.º 8978/80], decisão de 26 de março de 1985).

que cada ser humano se realize como tal[74], de prosseguir sua felicidade[75], o que necessariamente inclui decisões reprodutivas (*v.g.*, na decisão de ter filhos ou não)[76]. E o direito a constituir família por ser compreendido não apenas como um direito de estabelecer uma vida em comum e no direito ao matrimônio, mas também num direito a ter filhos[77], o que, inclusive, poderá ocorrer até mesmo fora da família conjugal[78]. Esse último, aliás, é a norma que mais diretamente consolida o direito à reprodução, "seria, em primeiro lugar, um direito a procriar e, em segundo lugar, um direito a estabelecer as correspondentes relações de paternidade e maternidade"[79].

[74] ROBERTSON, John, Procreative Liberty and the Control of Conception, Pregnancy, and Childbirth, *Virginia Law Review*, vol. 69, n.º 3, abr. 1983, p. 405-464, pp. 405 e ss., por exemplo, desenvolve a ideia de que ter filhos é uma forma de a pessoa se realizar como ser humano.
[75] CAMPOS, Diogo Leite de, *Lições de Direito da Família e das Sucessões*... p. 319.
[76] RAPOSO, Vera Lúcia, *Direito à Imortalidade*..., p. 351.
[77] CANOTILHO, J.J. Gomes e MOREIRA, Vital, *A Constituição da República Portuguesa Anotada*, vol. 1..., p. 567.
[78] MIRANDA, Jorge e MEDEIROS, Rui, *Constituição Portuguesa anotada*, tomo 1..., pp. 813-814.
[79] COELHO, Francisco Pereira e OLIVEIRA, Guilherme de, *Curso de Direito da Família*, vol. 1, 5.ª ed. e-book, com colaboração de Rui Moura Ramos, Imprensa da Universidade de Coimbra, Coimbra, 2016, pp. 137-138.

Capítulo II – O direito a procriar por técnicas laboratoriais de reprodução

1. Da erosão do processo reprodutivo à ascensão das técnicas laboratoriais de reprodução

A reprodução, apesar de ser uma condição inerente ao ser humano, algo que para a maioria das pessoas possui um enorme valor, como dar à sua vida um tremendo propósito e significado[80], é processo naturalmente destinado ao

[80] ARCHARD, David, *Children...*, p. 138. A propósito das motivações que nos levam a ter filhos, curioso notar que até o século XIX, a família apresentava uma estrutura hierarquizada: o pai, chefe da família e detentor de poder absoluto, administrava e dispunha dos bens daquele grupo familiar; já o filho, depois da maioridade, era responsável por receber e prolongar esse poder paternal (CAMPOS, Diogo Leite de e CAMPOS, Mónica Martinez de, *Lições de Direito da Família*, 4.ª ed. rev. e atual., Almedina, Coimbra, 2018, p. 371). A reprodução ligava-se essencialmente a perpetuação do nome e dos bens da família (RAPOSO, Vera Lúcia, *Direito à Imortalidade...*, p. 48-49), não se aceitando filiação espúria (uma ameaça à propriedade familiar). Hodiernamente a motivação parece ser outra, ainda que não se despreze essa ideia de "propriedade ligada por laços de sangue". Por exemplo, para FARIAS, Cristiano Chaves de e ROSENVALD, Nelson, *Curso de Direito Civil: Famílias*, 9ª ed., JusPodivm, Bahia, 2016, p. 582, estaríamos a falar de um mecanismo de realização da personalidade humana; para CAMPOS, Diogo Leite de, *Lições de Direito da Família e das Sucessões...*, p. 319, seria uma forma de se realizar como "humano", de prosseguir sua felicidade; para BRASE, Gary L. e BRASE, Sandra L., Emotional Regulation of Fertility Decision Making: What Is the Nature and Structure of "Baby Fever"?, *Emotion*, vol. 12, n.º 5, 2012, p. 1141-1154, disponível em: https://psycnet.apa.org/doiLanding?doi=10.1037%2Fa0024954, acesso em: 15/04/2022, a "*baby fever*" (termo utilizado para designar o forte desejo em ter filhos), existem explicações biológicas, na vontade de passar seus genes adiante, o que para RAPOSO, Vera Lúcia, *Direito à Imortalidade...*, p. 34

fracasso. Em condições consideradas normais, estima-se que apenas 15 a 30% das relações sexuais realizadas sem proteção resultam numa gravidez com sucesso (isto é, no nascimento da criança)[81]. Em outras condições, a impossibilidade biológica de procriar pode ser explicada pela infertilidade.

Por infertilidade entende-se a incapacidade de um casal em alcançar a gravidez após 1 ano de relações sexuais regulares e desprotegidas[82], o que, contudo, não deve ser confundida com esterilidade, apesar de usualmente serem usadas como sinônimo. Enquanto a primeira pressupõe a incapacidade de conceber, a esterilidade pressupõe condição na qual o corpo humano não é mais capaz de produzir ou expelir células reprodutoras (gametas). Neste caso, estaríamos diante de uma infertilidade permanente[83], enquanto naquele estaríamos diante de uma infertilidade relativa[84].

Reconhecida pela Organização Mundial de Saúde (OMS) como um problema de saúde pública, estima-se que a infertilidade atinja de 15 a 20% da população mundial, com incidência ainda mais crescente se considerarmos fatores etários. Adicionalmente, essa percentagem tem crescido nos últimos anos devido a prática de adiamento da maternidade, o aumento da prevalência

é entendido como um "direito à imortalidade" (curiosamente, COULANGES, Fustel de, *La cité antique Étude sur le culte, le droit, les institutions de la Grèce et de Rome*, Cambridge University Press, Nova York, 2010, p. 53, lembra-nos que os povos antigos (gregos, romanos e hindus) "*elles avaient cru que le bonheur du mort ne dépendait pas de la conduite qu'il avait menée pendant sa vie, mais de celle que ses descendants avaient à son égard. Aussi chaque père attendait-il de sa posterité la série des repas funèbres qui devaient assurer à ses Mânes le repos et le bonheur*", o que derivou a regra de que "*chaque famille dut se perpétuer à jamais. Les morts avaient besoin que leur descendance ne s'éteignît pas*"); e para DAVIS, Dena S., Genetic Dilemmas and the Child's Right to an Open Future, *Rutgers Law Journal*, vol. 28, 1997, p. 549-592, p. 570, apesar de reconhecer as inúmeras razões que nos levam a ter filhos, considera que antes de a criança ser concebida, as motivações podem apenas dizer sobre nós mesmo, apontando que "*the child is a means to our ends*", ideia que é refutada por NEVES, M. Patrão, A infertilidade e o desejo de procriar: perspectiva filosófica, In: Rui Nunes e Helena Melo (coords.), *A ética e o direito no início da vida humana*, Gráfica de Coimbra, Coimbra, 2001, p. 75-97, pp. 79-80.

81 CAMPIGLIO, Cristina, *Procreazione assistita e famiglia nel diritto Internazionale*, CEDAM, Padova, 2003, pp. 34-35.

82 MARCOVITCH, Harvey, *Black's Medical Dictionary*..., p. 342.

83 MARCOVITCH, Harvey, *Black's Medical Dictionary*..., p. 627.

84 RAPOSO, Vera Lúcia, Direitos reprodutivos..., p. 111.

das infecções sexualmente transmissíveis, o sedentarismo, a obesidade, o consumo de tabaco e álcool e até mesmo a poluição[85].

Culturalmente o ato de conceber e criar a criança sempre foi atribuída às mulheres, o que, consequentemente, reforçou sua eventual culpa no fracasso reprodutivo (eximindo o homem de qualquer culpabilidade)[86]. Desde os tempos pré-históricos, pinturas retratavam mulheres representando fertilidade e prosperidade[87]. Em si, a perspectiva cultural e histórica de nossa sociedade patriarcal é pouco rigorosa, porque a natureza a desmente. Sabe-se que a infertilidade pode ser atribuída em um terço à mulher, em um terço ao homem e em um terço a ambos os parceiros[88]. O impacto da infertilidade gera transtornos emocionais individuais e conjugais[89], revelando-se um

[85] RAIMUNDO, José Miguel, Infertilidade uma realidade atual?, *Revista Revisores e Auditores*, Lisboa, out./dez. 2015, p. 66, disponível em: http://www.oroc.pt/fotos/editor2/Revista/71/Saude.pdf, acesso em: 16/04/2022.

[86] Cultura existente em Cuba em relação à maternidade e à paternidade, sua repercussão na concepção de infertilidade e a maneira pela qual ela é percebida pelo indivíduo e pela comunidade (BERNAL, Zoe Díaz e JORDÁ, Dailys García, Cultura sobre madernidad y paternidad y su repercusión en la concepción de la infertilidade, *Revista Cubana de Salud Pública*, vol. 36, n.º 3, Havana, jul./set. 2010, n.p., disponível em: http://scielo.sld.cu/scielo.php?pid=S0864-34662010000300002&script=sci_arttext&tlng=en, acesso em: 16/04/2022). A esse propósito, estudo psiquiátrico desenvolvido no Brasil demonstrou que: as mulheres assumem com frequência a responsabilidade pelo fracasso reprodutivo, propriamente em função da representativa social da maternidade como identidade feminina ("ser mãe como condição essencial para ser mulher"); as mulheres relatam também a atribuição de adjetivos desqualificantes, como "oca e seca", "árvore sem fruto" e outros; as mulheres ainda sentem-se tristes e desqualificadas socialmente, como se o único papel que devessem cumprir na vida fosse o de ser mãe; demonstram também sentimento de culpa por não ter filhos, acreditando num "castigo divino"; por fim, revelam o medo da separação conjugal (CUNHA, Maria do Carmo Vieira da, CARVALHO, João Alberto *et alli*, Infertilidade: associação com transtornos mentais comuns e a importância do apoio social, *Revista de Psiquiatria do Rio Grande do Sul*, vol. 30, n.º 3, set./dez. 2008, Porto Alegre, p. 201-210).

[87] MORICE, Philippe, JOSSET, Patrice *et alli*, History of infertility, *Human Reproduction Update*, vol. 1, n.º 5, 1995, p. 497-504.

[88] RAIMUNDO, José Miguel, Infertilidade uma realidade atual?..., p. 66, lembra que "as estimativas de incidência de várias causas de infertilidade são: fatores masculinos (hipogonadismos, disfunção de tubos seminíferos, defeitos testiculares) – 26%; disfunção ovulatória – 21%; disfunção das trompas Falópio – 14%; endometriose – 6%; outras – 9%; inespecíficas – 17%".

[89] FARIA, Dieime Elaine Pereira de, GRIECO, Silvana Chedid *et alli*, Efeitos da infertilidade no relacionamento dos cônjuges, *Revista da Escola de Enfermagem da USP*, vol. 46, n.º 4, ago. 2012, São Paulo, p. 794-801, p. 794.

processo complexo e profundamente aflitivo aos casais. Aqueles que querem, mas não podem ter filhos, experimentam uma sensação avassaladora de perda[90]. Atribuir "culpa" pela infertilidade ao elemento feminino do casal, além de biologicamente equivocado, é exigir que as mulheres suportem um fardo que não é delas, contribuindo para um estigma social não coerente com nosso tempo.

Para fazer frente às situações de infertilidade é que se desenvolveram as técnicas de procriação medicamente assistida[91], vista como "as novas mandrágoras, para satisfazer os mesmos velhos anseios que suscitam as eternas angústias"[92]. Neste aspecto, a PMA desempenha um papel paradoxal: "se por um lado permite uma ficção de reprodução biológica a pessoa impedidas de o fazerem (...) e, nesta medida, afasta o biologismo em nome do caráter afectivo da parentalidade; por outro, leva o biologismo até ao seu extremo, auxiliando a penetração do ovócito pelo esperma e utilizando todo um rol de técnicas para permitir a reprodução biológica a pessoas que, de outra forma, se teriam que satisfazer com a constituição de 'família não genética'"[93].

2. Abordagem jurídica da procriação medicamente assistida

O tratamento do tema do direito a procriar por técnicas laboratoriais de reprodução, exige, previamente, uma abordagem jurídica da própria PMA, para que se compreenda melhor os peculiares contornos desse novo método de procriação. A ser assim, vejamos, minuciosamente, a definição de seu conceito, a importante distinção entre processos homólogos e heterólogos, as técnicas que são e poderão ser utilizadas e as particularidades da constituição dos vínculos jurídicos de filiação.

[90] ARCHARD, David, *Children...*, p. 138.

[91] É como pontua OLIVEIRA, Guilherme de, Aspectos jurídicos da procriação assistida..., p. 75: "Na procriação assistida visa-se alcançar um objetivo inocente e antigo – vencer a esterilidade, dar um filho a um casal que sofre por não o ter".

[92] OLIVEIRA, Guilherme de, Aspectos jurídicos da procriação assistida..., p. 75.

[93] RAPOSO, Vera Lúcia, *Direito à Imortalidade...*, p. 46.

2.1. Conceito de PMA

A procriação medicamente assistida ou simplesmente PMA, nos termos da doutrina de João de Castro Mendes, agrupa um conjunto de técnicas reprodutivas destinadas à formação de um embrião humano sem a ocorrência do ato sexual[94]. Em termos práticos, essas técnicas permitem às pessoas impossibilitadas biologicamente de ter filhos a oportunidade de procriar, utilizando-se, para tanto, de técnicas de inseminação intrauterina (IIU), fertilização *in vitro* (FIV) e injeção intracitoplasmática de espermatozoides (ICSI).

Ao referenciarmos, contudo, a possibilidade de reprodução independente da *copula carnalis* que ocorre no âmbito destas técnicas, não podemos confundir reprodução sexuada sem ato sexual com reprodução assexuada, como separa Jorge Duarte Pinheiro. A primeira, pressupõe o recurso a dois componentes genéticos distintos, um da pessoa do sexo feminino (óvulo) e outro da pessoa do sexo masculino (espermatozoide), sendo que o novo ser resultará da combinação genética desses gametas. Já a reprodução assexuada, é aquela que exige o recurso a apenas a um componente genético (seja do sexo masculino ou do sexo feminino), excluindo assim a união das células reprodutoras[95], como é o caso da clonagem humana, que suscita problemas jurídicos muito particulares[96] e constitui prática expressamente proibida[97].

[94] MENDES, João de Castro, *Direito da Família*, edição revista por Miguel Teixeira de Sousa, AAFDL, Lisboa, 1990/1991, p. 235. De outro modo, poderá também ser definida como *"a method of causing pregnancy other than sexual intercourse"*, definição que se extrai do art. 1.º, seção 102, n.º 4, da *Uniform Parentage Act*, elaborado pela *National Conference of Comissioners on Uniform Law*.

[95] PINHEIRO, Jorge Duarte, *Direito da Família Contemporâneo...*, p. 161-162.

[96] Os processos de procriação assexuada, como a clonagem humana, suscitam problemas distintos daqueles originados da utilização de técnicas de PMA. Para tanto, PINHEIRO, Jorge Duarte, *Direito da Família Contemporâneo...*, p. 162, refere-se "a dificuldade de harmonizar a clonagem com o direito à individualidade e à unicidade da pessoa humana". Em sentido similar, MIRANDA, Jorge e MEDEIROS, Rui, *Constituição Portuguesa anotada*, tomo 1..., pp. 609 e 631 consideram que o indivíduo gerado por processo de clonagem reprodutiva não possuiria identidade genética própria, o que violaria o art. 26.º, n.º 3, da CRP. Já OTERO, Paulo, *Personalidade e identidade pessoal e genética do ser humano: um perfil constitucional da bioética*, Almedina, Coimbra, 1999, p. 67 observa que a proibição da clonagem humana, verdadeiro mecanismo de "fotocópia" de um mesmo ser, não é compatível com o direito fundamental à identidade pessoa na sua dimensão absoluta.

[97] Além de previsão expressa na Lei n.º 32/2006 (art. 7.º, n.º 1 c/c art. 36.º da LPMA), a clonagem reprodutiva é proibida em Portugal desde 2001, quando o Decreto do Presidente da

2.2. *Origem dos gametas e distinção entre processos homólogos e heterólogos*

Como posto alhures, o advento das técnicas de procriação medicamente assistida permitiu-nos romper o nexo de causa e efeito entre sexo e reprodução, sendo possível obter uma gravidez independente da *copula carnalis*, o que, com isto, proporcionou-nos também incluir outras pessoas no processo reprodutivo. Desta novidade, oportuno se faz distinguir os processos de procriação assistida homóloga e heteróloga, em razão da origem das células reprodutoras.

Se é do próprio casal beneficiário do procedimento que provêm os elementos (óvulo e espermatozoide) para formação do embrião, fala-se em procriação medicamente assistida homóloga[98]. Na prática, esta modalidade assemelha-se em muito à reprodução por via sexual[99], dado que os gametas utilizados provêm do próprio casal, mantendo-se o vínculo genético entre pais e filho, o que torna essa modalidade de procriação mais pacífica e aceita nos diversos ordenamentos jurídicos, como ocorre em Portugal, Alemanha, Reino Unido, Estados Unidos, Suíça, França, Espanha, Itália e Brasil[100].

Dá-se, pelo contrário, o nome de PMA heteróloga o processo de procriação assistida com recurso à gametas de terceiras pessoas alheias ao casal beneficiário[101]. Em outros termos, recorre-se à doação de gametas para a realização do processo reprodutivo, que poderá ser total ou parcialmente heteróloga,

República n.º 1/2001 ratificou o *Additional Protocol to the Convention for the Protection of Human Rights and Dignity of the Human Being with regard to the Application of Biology and Medicine, on the Prohibition of Cloning Human Beings*. Em outros ordenamentos jurídicos, a clonagem reprodutiva também é proibida, por exemplo, na Alemanha, Espanha, França e Reino Unido.

98 Conceito dado por VARELA, Antunes, A inseminação artificial e a filiação perante o direito português e o direito brasileiro, *Revista brasileira de direito comparado*, ano 8, n.º 15, 1993, p. 01-35, p. 06.

99 Ao ponto de THÉVOZ, Jean-Marie, The Rights of Children to Information Following Assisted Conception, In: Donald Evans e Neil Pickering (edts.), *Creating the Child: The Ethics, Law and Practice of Assisted Procreation*, Martinus Nikhoff Publishers, Haia, 1996, p. 195-209, p. 196, sustentar que na PMA homóloga a medicina é mero instrumento empregado para obter seu próprio filho, muito como o fórceps é um meio de tirar a criança do útero em casos de dificuldade de nascimento, sendo indiferente o ato médico se comparado a concepção natural, exceto, é claro, que na procriação assistida a criança nasce apesar da infertilidade do casal.

100 Sobre esses e outros ordenamentos jurídicos, cfr.capítulo II, "3.2. A regulamentação das técnicas de PMA".

101 Novamente é o conceito oferecido por VARELA, Antunes, A inseminação artificial e a filiação perante o direito português e o direito brasileiro..., pp. 06-07.

de acordo com as células reprodutoras que poderão provir de nenhum dos membros do casal ou de apenas um deles[102]. Essa modalidade de procriação assistida afasta-se em muito da intervenção sexual, na medida em que se rompem os vínculos genéticos que tradicionalmente ligam um filho a um ou ambos os progenitores[103], o que leva alguns países, como a Itália, a não aceitarem esse procedimento[104], apesar de, recentemente, a *Corte Costituzionale*, na *sentenza n.º 162/2014*, entender pela inconstitucionalidade da norma que impede os casais inférteis de recorrerem a processos de reprodução heteróloga[105].

Historicamente, o uso de gametas de um terceiro no processo reprodutivo sempre foi uma prática muito criticada, sob inúmeros argumentos, desde o adultério[106], até vozes de violação do princípio constitucional da família

[102] PINHEIRO, Jorge Duarte, *Direito da Família Contemporâneo...*, p. 164.

[103] RAPOSO, Vera Lúcia, *Direito à Imortalidade...*, p. 386.

[104] Em Itália, a *Legge 19 febbraio 2004 n.º 40*, em seu artigo 4.º, n.º 3, não admite a utilização de técnicas do tipo heteróloga, apesar de estabelecer regras de filiação em caso de violação dessa proibição (art. 9.º). Contudo, há de se observar que o regime de adoção assemelha-se em muito com a PMA heteróloga (se observado sobre o critério de dissociação genética entre filho e progenitores), o que, paradoxalmente, não impediu de o legislador italiano de estabelecer regime legal permissivo à adoção de menores (*Legge 4 maggio 1983, n.º 184*).

[105] *Corte Costituzionale, sentenza* 162/2014, de 09 de abril de 2014.

[106] Em 1921 o Tribunal de Ontário, no Canadá, entendeu pela prática de adultério da esposa que se submeteu a processo de inseminação artificial com o sêmen doado de terceira pessoa estranha ao relacionamento conjugal. Na oportunidade, o juiz presidente afirmou que "*sexual intercourse [with anyone other than the spouse] is adulterous because in the case of the woman, it involves the possibility of introducing into the family of the husband a false strain of blood. Any act on the part of the wife which [introduces a false strain of blood into the family] would therefore be adulterous*" (no caso *Orford v. Orford*, 49 ONT. L.R. 15, 58 D.L.R. 251 (1921), trazido por DENNISON, Michelle, Revealing Your Sources: The Case for Non-Anonymous Gamete Donation, *Journal of Law and Health*, vol. 21, n.º 1, 2007/2008, p. 1-27, pp. 05-06). Mais tarde, o Tribunal de Pádua, na Itália, condenou uma mulher, já separada do marido, por crime de adultério ao recorrer a inseminação heteróloga (sobre a decisão, cfr. VIANA, Marco Aurélio S., Da Inseminação Artificial, *Revista da Faculdade de Direito da Universidade Federal de Minas Gerais*, vol. 27, n.º 21, 1979, p. 238-260, p. 246). Sobre o assunto, DWORKIN, Roger B., *Limits: The Role of the Law in Bioethical Decision Making Medical Ethics Series*, ed. em e-book, Indiana University Press, Indianapolis, 1996, pp. 62-63, lembra que quando o divórcio exigia culpa, maridos buscavam no "adultério" por inseminação artificial com doador de sêmen, justificava para conseguir o divórcio, já que, sob esse olhar, haveria uma violação grave e hedionda do contrato de casamento. Para tanto, explica que "*Marriage contemplates both sexual and reproductive exclusivity. Adultery sacrifices one or both of those. AID without consent sacrifices reproductive exclusivity and therefore should provide grounds for divorce i fone wants to make the statute maximally effective in attacking the mischief at which it is aimed. Therefore, for purposes of divorce AID without the husband's consente is adultery*".

numa concepção estritamente biológica da filiação[107]. Ocorre que tais teses que buscam um juízo de desconformidade dos procedimentos heterólogos mostram-se por demais infundadas, o que se diz por duas razões: (*i*) primeiro que a lei portuguesa de procriação medicamente assistida estabelece como requisito para aceder às técnicas de PMA o consentimento das partes, que deverá ser livre, esclarecido, prestado de forma expressa e por escrito (art. 14.º), decorrendo a parentalidade do próprio consentimento para a procriação e para a relação parental (art. 20.º), o que é reforçado pela norma contida no art. 1.839.º, n.º 3, do CC, não podendo, portanto, se falar em adultério[108], já que na prática estão ausentes atos íntimos, emocionais e carnais com o doador de gametas, sobretudo porque o ato sexual é substituído pelo ato médico[109]; e (*ii*) depois porque o Código Civil português prevê uma série de situações de "biointerferência" de terceiro na família, seja na possibilidade

[107] Nesse sentido, AGUILAR, Francisco, O Princípio da Dignidade da Pessoa Humana e a Determinação da Filiação em Sede de Procriação Medicamente Assistida..., pp. 706-708, considera que o princípio da dignidade da pessoa humana consagrado na CRP impõe o biologismo, motivo pelo qual não teria conformidade constitucional a doação de gametas destinados à PMA heteróloga; e CAMPOS, Diogo Leite de, A procriação medicamente assistida heteróloga e o sigilo sobre o dador – ou a omnipotência do sujeito, In: José de Oliveira Ascensão (coord.), *Estudos de direito da bioética*, vol. 2, Coimbra, 2008, p. 73-86, pp. 84-86, considera que a inseminação heteróloga opõe-se aos interesses da criança, à sua dignidade de ser humano.

[108] Apesar de não configurar adultério, CORTE-REAL, Carlos Pamplona, Os efeitos familiares e sucessórios da procriação medicamente assistida (P.M.A.), In: José de Oliveira Ascensão (coord.), *Estudos de Direito da Bioética*, Almedina, Coimbra, 2005, p. 93-112, p. 103, considera que "a inseminação ou procriação artificial não consentidas pelo conjugê será motivo de divórcio, nos termos do art. 1779.º e por violação grave do dever de respeito".

[109] Nesse ponto, na Escócia, a *Scottish Court of Session Decisions* afastou a argumentação de adultério no processo de inseminação artificial com recurso a sêmen de um doador, por entender que a prática do adultério necessitava da introdução de um elemento estranho no relacionamento conjugal para sua configuração, que nas palavras do Tribunal "*that foreign element is the physical contact with an alien and unlawful sexual organ, and without that element there cannot be what the law regards as adultery*" (*MacLennan v. MacLennan*, 1958, Sess. [Cas. 105]). Não diferente foi o posicionamento da *California Supreme Court*, nos Estados Unidos, que decidiu que uma criança gerada de um processo de IA era legítima, e não produto de um relacionamento adúltero, oportunidade em que declarou que "*Adultery is defined as the voluntary sexual intercourse of a married person with a person other than the offender's husband or wife. It has been suggested that the doctor and the wife commit adultery by the process of artificial insemination. Since the doctor may be a woman, or the husband himself might administer the insemination by a syringe, this is patently absurd; to consider it an act of adultery with the donor, who at the time of insemination may be a thousand miles away or may be even dead, is equally absurd*" (*People v. Sorensen*, 437 P.2d 495, 501 [1968]).

de adoção singular do filho do cônjuge (arts. 1.979.º, n.º 2 e 1.992.º, n.º 2) ou na possibilidade de o filho de apenas um dos cônjuges, concebido fora do matrimônio, residir no lar conjugal (art. 1.883.º)[110], e não vemos nesse aspecto qualquer manifestação de inconformismo pela ruptura biológica da filiação no regime imposto na adoção, motivo pelo qual, de igual forma, nunca poderemos concordar com entendimento diverso advindo da procriação assista com recurso a gametas de terceiro[111], sob pena de subverter ilogicamente a própria hermenêutica[112].

2.3. Excurso sobre as técnicas de PMA

2.3.1. Técnicas atualmente utilizadas

Em termos muito genéricos, as técnicas de procriação medicamente assistida atualmente utilizadas e que serão objeto de estudo resumem-se a inseminação intrauterina (IIU), fertilização *in vitro* (FIV) e a injeção intracitoplasmática de esperma ou espermatozoides (ICSI)[113].

Na IIU[114], o sêmen é extraído por masturbação (que poderá provir do elemento masculino do casal ou de doação) e introduzido no aparelho genital

[110] Como recorda PINHEIRO, Jorge Duarte, *Direito da Família Contemporâneo...*, p. 174.

[111] Em sentido contrário, parece ser o entendimento de ASCENSÃO, José de Oliveira, A Lei n.º 32/2006, sobre Procriação Medicamente Assistida, *Separata da Revista da Ordem dos Advogados*, ano 67, n.º 3, Lisboa, 2007, p. 977-1006, p. 995, ao afirmar que "por maior que seja a pulsão para a paternidade (que em si deve ser positivamente valorada) que conduza à procriação heteróloga, deve dizer-se que ainda mais valioso é o recurso à adopção. Ocorrendo tantas situações de abandono de crianças que carecem de um lar e permitindo expandir uma dedicação desinteressada em que o outro está em primeiro lugar, a adopção tem maior valia ética que a procriação heteróloga, porque não participa dos desvios éticos em que esta incorre".

[112] A esse propósito, vale registrar que o Tribunal Constitucional português, quando do julgamento do Ac. n.º 101 do Tribunal Constitucional, de 01 de abril de 2009, manifestou-se pela constitucionalidade da norma contida no art. 10.º, da LPMA.

[113] A menção as técnicas de procriação assistida atualmente utilizadas, tem como parâmetro o anexo da Portaria n.º 273/2012, de 5 de setembro. Dessa forma, a IA passa a ser designada por inseminação intrauterina (IIU); a FIVETE passa a ser conhecida apenas como fertilização *in vitro* (FIV); já não se fala mais em GIFT, ZIFT e TET; e a ICSI permanece como colocado pelo art. 2.º, da Lei n.º 32/2006, de 26 de julho.

[114] A despeito da não utilização do vocábulo "artificial" do procedimento de inseminação laboratorial, devemos consignar nossa discordância quanto ao termo, dado que todo o processo

feminino com o auxílio médico, dispensando-se para tanto a relação sexual[115]. Nesse caso, a fecundação ocorrerá dentro do organismo materno, isto é, *in vivo*.

Por sua vez, na FIV, a fertilização do óvulo ocorre fora do corpo (*in vitro*) e, posteriormente, o embrião formado deste processo é transferido para o organismo materno, seguindo depois tudo o mais que decorre na reprodução humana[116].

No número de embriões a transferir, deve-se considerar a quantidade necessária para o êxito do procedimento, de acordo com a boa prática clínica e os princípios do consentimento informado, devendo ainda ter em conta a situação clínica do casal e a indicação geral de prevenção da gravidez múltipla. Em Portugal, por exemplo, a Lei n.º 32/2006, de 26 de julho, indica que o número de embriões a transferir deverá observar a quantidade necessária para o êxito do procedimento (art. 24.º), o que, nos termos estabelecidos pelo CNPMA, deverá ser preferencial de 1 a 2, admitindo-se excepcionalmente a transferência de no máximo 3 embriões[117]. Em outros países, como Espanha, Itália e Brasil, também se admite a transferência de no máximo 3 embriões[118], apesar de movimentos recentes pelo "*single embryo transfer*" (SET)[119].

Contudo, no processo da FIV, a fertilização de um elevado número de ovócitos leva a criação de embriões que excedem o número clinicamente necessário para implantação no corpo feminino, ora designados de "embriões

de fecundação e tudo o mais que decorre na reprodução humana, inclusive os gametas utilizados, são completamente naturais e apenas a introdução do espermatozoide que é realizada com o auxílio médico. Essa também é a posição de FERNÁNDEZ, María Carcaba, *Los Problemas Jurdicos Planteados por las Nuevas Tecnicas de Procreacion Humana*, José Maria Bosch Editor S.A., Barcelona, 1995, p. 15, ao criticar o termo "artificial".

115 MARCOVITCH, Harvey, *Black's Medical Dictionary...*, p. 348.

116 MARCOVITCH, Harvey, *Black's Medical Dictionary...*, p. 357.

117 Segundo os Requisitos e Parâmetros de Funcionamento dos Centros de PMA elaborado pelo CNPMA, em 2018.

118 Em Espanha (art. 3.º, n.º 2, da *Ley 14/2006, de 26 de mayo*), Itália (art. 14.º, n.º 2, da *Legge 19 febbraio 2004 n.º 40*) e Brasil (item I, n.º 7, al. "b", da Resolução nº 2.320/2022, do CFM).

119 HORSEY, Kirsty, UK's HFEA updates single embryo transfer fee proposal, *Bio News*, Reino Unido, Agosto de 2010, n.p. Apesar disso, há estudos recentes que demonstram a possibilidade de ocorrência de gravidezes múltiplas mesmo quando realizado o SET (RICKMAN, Jamie, Why single embryo transfers in IVF sometimes result in twins, *Bio News*, Reino Unido, outubto de 2018, n.p.).

excedentários"[120]. Quando não imediatamente utilizados, a criopreservação é o destino natural dos embriões[121], para utilização posterior pelos beneficiários ou por outras pessoas que recebam os embriões por doação[122]. Pode-se ainda utilizar esses embriões para finalidades não reprodutivas. Apesar de a LPMA proibir expressamente a criação de embriões através de técnicas de procriação assistida com o objetivo deliberado de sua utilização na investigação científica (art. 9.º, n.º 1), admite o legislador a excepcional utilização dos embriões excedentários para esse fim (art. 25.º, n.º 3 c/c art. 9.º, n.º 2)[123], o que, inevitavelmente, conduz-nos a resultados práticos inócuos quanto à proibição criada, dado que, como constatado por Carlos Pamplona Corte-Real e José Silva Pereira, a própria mecânica da fertilização *in vitro* gera praticamente sempre embriões excedentários[124] e assim poder-se-á em todo o tempo recorrer a tal exceção

[120] As soluções adotadas para os embriões excedentários dependerão sempre do estatuto reconhecido ou concedido aos embriões. Colocando questões relevantes quanto à utilização dos embriões excedentários, cfr. ARAÚJO, Fernando, *A procriação assistida e o problema da santidade da vida...*, pp. 52 e ss.

[121] Para além de Portugal, a criopreservação como medida de preservação dos embriões excedentários é também adotada em Espanha (art. 3.º, n.º 2, da *Ley 14/2006, de 26 de mayo*), Brasil (item V, da Resolução n.º Resolução nº 2.320/2022, do CFM), Suíca (art. 10, n.º 2, al. "c", da *Loi fédérale sur la procréation médicalement assistée*), França, (art. 2141-3 do *Code de la Santé Publique*), Alemanha (interpretação extraída do §1 Abs. 1 Satz 6 e §9 Satz 4, ambos do *Embryonenschutzgesetz*) e Itália (dada as exceções criadas pelo art. 14.º, da *Legge 19 febbraio 2004 n.º 40*).

[122] Nos termos da LPMA (art. 25.º), os embriões que não tiverem de ser transferidos, devem ser criopreservados, comprometendo-se os beneficiários a utilizá-los em novo processo de transferência embrionária no prazo máximo de três anos (prazo esse que poderá ser prorrogado por igual período). Decorrido o prazo legal, podem os embriões serem doados a outras pessoas beneficiárias cuja indicação médica de infertilidade o aconselhe, desde que consentida a doação pelos beneficiários originários.

[123] Nesse particular, estabelece o n.º 3 do art. 25, da LPMA que decorrido o prazo de três anos referido no n.º 1 do art. 25.º, sem prejuízo das situações previstas no n.º 2, também do art. 25.º, podem os embriões serem doados para investigação científica, que nos termos previstos no artigo 9.º, deverá ser realizada com o objetivo de prevenção, diagnóstico ou terapia de embriões, de aperfeiçoamento das técnicas de PMA, de constituição de bancos de células estaminais para programas de transplantação ou com quaisquer outras finalidades terapêuticas. Em contrapartida, no Reino Unido, o HFEA, de 2008, permite o uso de embriões vivos e viáveis para pesquisa científica, mesmo que não seja para benefício do embrião. Admite também a criação de embriões unicamente para fins científicos.

[124] CORTE-REAL, Carlos Pamplona e PEREIRA, José Silva, *Direito da Família: Tópicos para uma reflexão crítica*, 2.ª ed. atual., AAFDL, Lisboa, 2011, p. 243, inclusive lembram que "há milhões de embriões excedentários".

para fins de investigação científica[125]. No final, descartando-se a utilização dos embriões excedentários pelos beneficiários, por outras pessoas que recebam os embriões por doação ou ainda para investigação científica, autoriza-se o descongelamento e posterior eliminação (art. 25.º, n.os 6 e 7), o que, para José de Oliveira Ascensão, entraríamos na figura do "embrionicídio"[126].

Já na ICSI, segue-se o processo de fertilização *in vitro*, diferenciando-se dessa última quanto ao processo de extração do espermatozoide, pois um único esperma é tratado numa solução que permite diminuir sua mobilidade, em seguida é imobilizado e injetado diretamente no citoplasma de um óvulo previamente recuperado da mulher[127]. Em outros termos, utiliza-se a injeção intracitoplasmática de espermatozoides para lidar com a infertilidade masculina, induzindo a penetração de um óvulo pela injeção de um único espermatozoide, dada a incapacidade de os gametas do elemento masculino perfurarem as várias camadas e membranas do ovócito[128].

2.3.2. Um pequeno adendo para o futuro das técnicas

Com os constantes avanços na ciência, novas tecnologias reprodutivas são desenvolvidas a todo momento. Das novidades que poderíamos citar, algumas se destacam pela complexidade e revolucionam até mesmo conceitos biológicos há muito estabelecidos.

À vista disso, a fertilização *in vitro* trigâmetica (TGIVF), destaca-se pela utilização dos ovócitos de duas mulheres para gerar a criança, embora não se dispense a contribuição do esperma masculino, que se limitará a servir

[125] Inclusive, IGLESIAS, Teresa, *IVF and Justice: Moral, Social and Legal Issues Related to Human, in Vitro Fertilisation*, The Linacre Centre for Health Care Ethics, Londres, 1991, p. 13, contextualiza a escravidão de outrora aos embriões fertilizados *in vitro*, objetos do egoísmo e experimentações humanas.

[126] Circunstância em que, para ASCENSÃO, José de Oliveira, Direito e Bioética, In: *Direito da Saúde e Bioética*, Lex Edições Jurídicas, Lisboa, 1991, p. 09- 38, p. 19, coloca-se paralelamente à do aborto.

[127] MARCOVITCH, Harvey, *Black's Medical Dictionary...*, p. 355.

[128] RAPOSO, Vera Lúcia, *Direito à Imortalidade...*, p. 393, nota 1207. Sobre a ICSI, curioso notar que sua descoberta se deu de um azar da técnica, "quando se tentava realizar um SUZI e se foi longe demais, entrando no citoplasma do ovócito. Veio-se a constatar que a ICSI era muito mais eficaz que a SUZI, e os resultados em termos de segurança também são bons, de modo que neste momento a SUZI não tem qualquer indicação" (*ibidem*, p. 393, nota 1206).

de invólucro. Hipótese particularmente simpática à casais de mulheres, na TGIVF extrai-se o DNA do ovócito da mulher que não será gestante e o introduz numa "cápsula de esperma" (*sperm casing*), que teve o material genético masculino previamente extraído e substituído pelo DNA dessa mulher. Em seguida, o óvulo da mulher que será gestante é fertilizado com o "esperma" que contém apenas o material genético da outra[129].

Por sua vez, a Ectogênese, também conhecida como "útero artificial", tropo comum na obra de Aldous Huxley ("*Brave New World*"), consiste na criação de um novo ser humano fora do útero materno, totalmente desenvolvido em laboratório[130], o que, mais cedo ou mais tarde, colocará em questão a própria necessidade de uma gestante de substituição.

Por fim, a Partenogênese, conhecida como "nascimento virginal", induz o desenvolvimento de um embrião humano sem que ele tenha sido fertilizado por um espermatozoide (assemelhando-se a clonagem), rompendo por completo princípio básico da reprodução humana que exige dois componentes genéticos distintos, um do elemento do sexo masculino e outro do elemento do sexo feminino[131].

Apesar de complexas e até mesmo inimagináveis aos olhos de quem lê, essas novas tecnologias podem indicar o futuro das técnicas de procriação medicamente assistida. Curioso será as futuras soluções jurídicas para os problemas que virão.

[129] VELTE, Kyle C., Egging On Lesbian Maternity: The Legal Implications of Tri-gametic In Vitro Fertilization, *The American University Journal of Gender, Social Policy & the Law*, vol. 7, n.º 3, 1999, p. 431-464, pp. 433 e ss. Ainda sobre a TGIVF, vale registrar que sua utilização não se encontra tão distante como se possa imaginar, já que se tem notícias de que em 2016, no México, nasceu o primeiro bebê com recurso à essa técnica. Sobre isso e para uma análise crítica do tema, cfr. COUTINHO, Diana, Tecnologia e reprodução humana: a fertilização in vitro trigamética. Entre o milagre da reprodução e os perigos da desumanização, In: Benedita Mac Crorie, Miriam Rocha e Sónia Moreira (coords.), *Temas de Direito e Bioética: Novas questões do Direito da Saúde*, vol. 1, investigações da I Conferência Internacional de Direito e Bioética, DH-CII/JUSGOV/EDUM, Braga, 2018, p. 63-91, pp. 71 e ss.

[130] ADINOLFI, Matteo, The artificial uterus, *Prenatal Diagnosis*, vol. 24, n.º 7, 2004, p. 570-572, p. 570 e ss.

[131] HOLM, Soren, Embryology, Ethics of, In: Ruth F Chadwick, Encyclopedia of Applied Ethics, 2ª ed., vol. 3, Academic Press, 2012, p. 81-87, p. 81

2.4. Particularidades da constituição dos vínculos jurídicos de filiação decorrente de PMA

A determinação dos vínculos jurídicos de filiação decorrente de PMA não se assemelha com aquela que resulta da prática de um ato sexual, que decorre da regra geral do Código Civil[132]. Adota-se um critério específico, que antes mesmo da entrada em vigor da Lei n.º 32/2006, de 26 de julho, já se percebia da disposição constante no art. 1.839.º, n.º 3, do CC, que consagrava uma nova modalidade de constituição dos vínculos jurídicos de filiação para os procedimentos heterólogos, afastando-se de um critério puramente biológico[133] (porque legitimado rigorosamente por situações de infertilidade) e da filiação adotiva (independente de sentença de adoção), configurando naquele momento um "*tertium genus*"[134], baseado na vontade dos intervenientes na constituição do estatuto parental e inerentes responsabilidades[135].

[132] Na filiação decorrente do ato sexual, a maternidade resulta do fato do nascimento e estabelece-se por declaração de maternidade ou por reconhecimento judicial (art. 1.796.º, n.º 1 c/c arts. 1.803.º a 1.825.º, todos do CC), enquanto que, a paternidade, na ausência de um elemento caracterizador como o parto, recorre-se a um sistema de presunção em relação ao marido da mãe e, nos casos de filiação fora do casamento, estabelece-se por perfilhação ou por decisão judicial em ação de investigação (art. 1.796.º, n.º 2 c/c arts. 1.826.º, n.º 1 e 1.847.º, todos do CC).

[133] OLIVEIRA, Guilherme de, *Critério Jurídico da Paternidade,* reimpr., Coimbra: Almedina, 2003, p. 335. Em contrapartida, AGUILAR, Francisco, O Princípio da Dignidade da Pessoa Humana e a Determinação da Filiação em Sede de Procriação Medicamente Assistida..., p. 676 e 680, defende que a norma contida no art. 1.839.º, n.º 3, do CC mantêm seu critério biológico, afastando apenas a paternidade do pai biológico (doador) para evitar uma violação do princípio da boa-fé, mais especificamente um abuso do direito por parte do elemento masculino que consentiu com o procedimento de inseminação da esposa com esperma de terceiro. Contudo, ASCENSÃO, José de Oliveira, Direito e Bioética..., pp. 34-35, alerta que "este fundamento não nos convence, justamente porque a lei proíbe negócios sobre a filiação; o cônjuge perderia o direito de impugnar, de tão fortes conotações personalísticas, em consequência de ter praticado um negócio jurídico anterior. Parece-nos incompatível com a natureza deste direito".

[134] CORTE-REAL, Carlos Pamplona, Os efeitos familiares e sucessórios da procriação medicamente assistida (P.M.A.)..., p. 103.

[135] Conforme pondera DUARTE, Tiago, *In vitro veritas? A procriação medicamente assistida na constituição e na lei,* Almedina, Coimbra, 2003, pp. 59-61, "o consentimento é imprescindível para a formação desta nova forma de filiação", concluindo que "o consentimento prestado pelo marido da mãe representa a 'pedra toque' para o estabelecimento desta nova forma de filiação. Impugnar a paternidade estabelecida devido a uma inseminação artificial heteróloga

De modo literal, o artigo apontado não permite a impugnação de paternidade com fundamento em "inseminação artificial"[136] ao cônjuge que nela consentiu, o que, na prática, como aponta Jorge Duarte Pinheiro, "imputa ao marido a paternidade da criança filha de mãe casada, quando ele tiver consentido na inseminação artificial, independentemente de haver ou não ligação biológica entre o marido da mãe e a criança"[137]. Tem-se, portanto, uma ideia de responsabilidade reprodutiva e de proibição de *venire contra factum proprium*[138].

Já com o advento da Lei de Procriação Medicamente Assistida em Portugal, cuidou o legislador de reafirmar que a constituição do vínculo jurídico de filiação – ou melhor, o "estabelecimento da parentalidade" –, decorrente de PMA, homóloga ou heteróloga, é necessariamente constituída por consentimento dos beneficiários (art. 20.º, n.os 1, 2 e 3, da LPMA)[139], podendo ainda a parentalidade ser impugnada se for provado que não houve consentimento[140] ou que a criança não nasceu da inseminação para que o consentimento foi

consentida, mais do que voltar com a palavra atrás era 'voltar com a paternidade atrás', ora essa é uma situação que a lei não pode tolerar".

136 A despeito de o n.º 3 do art. 1.839.º referenciar-se apenas ao consentimento para o processo de inseminação artificial, OLIVEIRA, Guilherme de, *Estabelecimento da Filiação*, Petrony, Lisboa, 2019, p. 250, explica que em 1977 a IA era à técnica até então mais conhecida, o que, contudo, não impede de aplicarmos esse regime à FIV e a ICSI (até porque essa extensão foi consagrada, mais tarde, expressamente pelos artigos 27.º e 47.º, da LPMA).

137 PINHEIRO, Jorge Duarte, *Direito da Família Contemporâneo...*, p. 194.

138 RAPOSO, Vera Lúcia, *Direito à Imortalidade...*, p. 849.

139 A esse propósito, PINHEIRO, Jorge Duarte, *Direito da Família Contemporâneo...*, pp. 194-195, adverte que "O consentimento para a constituição da filiação decorrente de PMA insere-se num negócio jurídico que carece de disciplina própria suficiente. Por isso, este consentimento é, subsidiariamente, regido pelos princípios subjacentes às regras atinentes ao consentimento em outros negócios que também são fonte de relações jurídicas familiares", como o casamento e a adoção. Ainda assim reconhece que "a lei entende que é suficiente a exibição de documento comprovativo da prestação de consentimento à PMA (cf. art. 20.º, n.º 2, da LPMA). O documento cria, assim, uma presunção ilidível de consentimento para a constituição do vínculo de filiação (cf. art. 20.º, n.º 4, da LPMA)".

140 Nesse aspecto, importa observar que inexiste, no atual regime jurídico imposto pela LPMA, a exigência de qualquer anuência do cônjuge para aplicação das técnicas, o que poderá resultar no nascimento de uma criança que não tenha a filiação paterna reconhecida. Adicionalmente, "pode questionar-se se o recurso à PMA pela mulher casada, sem anuência do cônjuge, constitui uma violação dos deveres conjugais, nomeadamente, do dever de respeito, sendo o acto totalmente equiparável ao caso em que o cônjuge, sem o consentimento do outro, introduz no lar conjugal filho concebido fora do matrimónio, o que está vedado pelo art. 1883.º do Código Civil" (REIS, Rafael Vale e, *Procriação medicamente assistida...*, p. 68).

prestado (art. 20.º, n.º 4, da LPMA)[141], o que, contudo, não tem impedido a jurisprudência do STJ de reconhecer uma espécie de "consentimento *a posteriori*", fundado numa real e efetiva adesão do marido ou companheiro a aquele projeto parental que não aderiu inicialmente[142].

[141] Apenas em termos ilustrativos, PEREIRA, Maria Margarida Silva, *Direito da Família*, Lisboa: AAFDL, 2018, p. 793, discorre sobre o caso de António, Berta e Pedro: "António é casado com Berta, tendo Berta uma relação extraconjugal com Pedro. Berta é infértil e, querendo ter um filho com Pedro, recorre, para esse efeito, à inseminação artificial. Pedro consentiu no recurso a esta técnica de reprodução assistida. Na sequência desta inseminação nasce José. Quem é o pai?". Para a doutrinadora portuguesa, o pai deverá ser António, pela presunção legal de paternidade fundada no casamento, prevista no art. 1.826.º, do CC. Contudo, tal como posto no art. 20.º, n.º 4, da LPMA, essa presunção poderá ser impugnada. A dúvida que nos parece aceitável é quanto a Pedro, que apesar de não sustentar a figura de cônjuge de Berta, consentiu com aquele projeto parental. Nos parece razoável e até legítimo que conteste a paternidade de António e pleiteie a condição de pai de José. Ainda que um relacionamento extraconjugal seja reprovável aos olhos da sociedade, não nos parece concebível que a criança fique sem filiação paterna, sendo, portanto, inconciliável com seus melhores interesses.

[142] Apesar de o legislador estabelecer regras rígidas quanto ao consentimento, chama atenção recente posicionamento do STJ ao reconhecer o vínculo paternal de filiação, mesmo diante da falta de consentimento prévio exigido pelo art. 14.º, n.os 1 e 2, da LPMA. No caso, o Tribunal entendeu que: "II – O consentimento do beneficiário da procriação heteróloga (n.º 1 e n.º 2 do art. 14.º da Lei n.º 32/2006, de 26-07, na redacção vigente à data em que a autora recorreu a essa técnica de procriação medicamente assistida) que não contribuiu para o processo com as suas células reprodutoras é condição indispensável para a constituição do vínculo da filiação quanto àquele, já que a criança nascida através do recurso a essas técnicas é havida juridicamente como filha do marido ou membro da união de facto que haja consentido no seu emprego (n.º 1 do art. 20.º da Lei n.º 32/2006). III – Tendo a autora recorrido à procriação medicamente assistida enquanto ainda estava casada com o recorrido e sem procurar obter o consentimento deste (contrariando a regra da biparentalidade constante do art. 6.º, n.º 1, da Lei n.º 32/2006) e tendo este, após a reconciliação do casal, acompanhado a gravidez, o nascimento e os primeiros meses de vida da criança, a registado como filha e a tratado como tal, é de concluir que, apesar de não ter sido prestado um consentimento nos termos expostos em II, houve uma real e efectiva adesão do recorrido à decisão da recorrente e a correspondente aceitação por parte desta, sendo, pois, realmente inaceitável que se pretenda pôr termo ao vínculo entretanto criado entre aquele e a criança. IV – Perante o quadro descrito em III, é abusiva a invocação da falta do consentimento prévio para cessar o vínculo paternal de filiação. V – O registo da criança como filha do recorrido não está eivado de falsidade (é, ao invés, consonante com as presunções constantes do n.º 1 do art. 20.º da Lei n.º 32/2006 e do art. 1826.º do CC) e, por si só, não afecta o direito daquela a conhecer a sua identidade genética e a sua historicidade pessoal" (Ac. n.º 2790/16.0T8VFX.L1.S1 do Supremo Tribunal de Justiça, de 06 de novembro de 2018, juiz relator Pinto de Almeida).

Nesse enquadramento, sublinha-se que a vontade dos beneficiários é manifestada através do consentimento para o procedimento laboratorial reprodutivo, que nos ensinamentos de Jorge Duarte Pinheiro[143] e José de Oliveira Ascensão[144] possui uma dupla intenção: (*i*) primeiro, a intenção dirigida a admissão do processo reprodutivo (ao fato da IIU, FIV ou ICSI); e (*ii*) depois, a intenção ulterior de constituir o vínculo de filiação. Essa peculiaridade é o que Rafael Vale e Reis denomina de "efeitos ultra-constitutivos", ao defender que o consentimento prestado pelos beneficiários para as intervenções no âmbito das técnicas de procriação assistida, não assume "singelas vestes de um estrito consentimento para acto médico, apresentando-se verdadeiramente dotado de efeitos ultra-constitutivos, com reflexos importantes e directos em matéria de estabelecimento dos vínculos de filiação"[145].

Aliás, por coerência legislativa, essa mesma construção permite-nos afastar a parentalidade de eventuais doadores de gametas que contribuam no processo reprodutivo, o que, efetivamente, decorre da norma contida no art. 10.º, n.º 2, da LPMA ("Os dadores não podem ser havidos como progenitores da criança que vai nascer"[146]). Em boa verdade, devemos considerar que aqueles que contribuem nos processos heterólogos não possuem nenhum projeto parental ligado à sua doação[147] e o consentimento prestado por eles não constitui mera autorização para recolha e utilização de material genético, mas revela uma intenção de ajudar na concretização de projeto parental alheio, do qual possuem a legítima expectativa de não serem identificados como pai ou mãe de um certo indivíduo que acabou por nascer graças à sua participação.

143 PINHEIRO, Jorge Duarte, *Direito da Família Contemporâneo...*, p. 194.

144 ASCENSÃO, José de Oliveira, Procriação Assistida e Direito..., pp. 662-663.

145 REIS, Rafael Vale e, *O Direito ao conhecimento das origens genéticas*, Coimbra Editora, Coimbra, 2008, p. 445.

146 OLIVEIRA, Guilherme de, *Estabelecimento da Filiação...*, p. 253, contudo, adverte que "a preocupação de negar um papel juridicamente relevante aos dadores de material biológico levou a Lei a afirmar que eles 'não podem ser havidos como progenitores da criança que vai nascer' (art. 10.º, n.º 2). A afirmação é, no entanto pouco rigorosa. Na verdade, progenitores, em sentido etimológico, eles são; o que não serão é pai ou mãe jurídicos – resultado que deriva dos referidos arts. 21.º, 27.º e 47.º".

147 Vulgarmente, pode-se dizer que os "*gamete donors have no greater responsibility in this matter than do physicians or lawyers hired by people who want to assume a parental role*" (NELSON, James Lindemann, Parental Obligations and the Ethics of Surrogacy: A Causal Perspective, *Public Affairs Quarterly*, vol. 5, n.º 1, 1991, p. 49-61, p. 59).

Por conseguinte, uma vez prestado esse consentimento, "gera-se *ope legis* um escudo excludente de responsabilidade do dador perante as obrigações que o ordenamento jurídico reserva, em princípio, aos progenitores biológicos"[148]. Na jurisprudência, o entendimento não é diferente[149], salvo raras decisões judiciais da década de 80 e 90 que já conferiram a paternidade aos doadores de esperma[150].

[148] REIS, Rafael Vale e, *O Direito ao conhecimento das origens genéticas...*, p. 446.

[149] Ac. n.º 101 do Tribunal Constitucional, de 01 de abril de 2009, Conselheiro relator Carlos Fernandes Cadilha. No direito comparado, vale destacar os casos *Buzzanca v. Buzzanca*, 72 Cal. Rptr. 2d 280 (1998) e *K.M. v. E.G.*, 117 P.3d 673 (2005), que apesar de tratarem de conflitos judiciais inseridos no âmbito dos contratos de gestação de substituição, ainda assim tem-se a parentalidade dos doadores afastada.

[150] Quanto aos doadores de esperma, apesar de a recusa em lhes conferir paternidade configurar regra nos ordenamentos jurídicos que se tem conhecimento, algumas decisões judiciais têm atribuído a paternidade a esse interveniente no processo reprodutivo, o que, contudo, não altera a aplicação da regra geral, mas em verdade exige do operador do direito, em especial do julgador, atenção ao caso concreto. No caso *C.M. v. C.C.*, 377 A.2d 821 (NJ. Juv. & Dom. Rel. Ct. 1977), exposto por VELTE, Kyle, Egging On Lesbian Maternity..., pp. 443-444, o doador alegou que ele e a mãe da criança pretendiam se casar e com base nessa intenção doou seu esperma. Posteriormente a mãe negou tal alegação. Contudo, como nenhum outro homem se voluntariou a assumir as responsabilidades da paternidade, o Tribunal considerou que o doador de esperma deveria ser considerado pai legal da criança, em atenção ao melhor interesse do filho. No caso, para fundamentar a decisão, o Tribunal fez uma analogia a procriação por ato sexual, afirmando que "*[i]f the conception took place by intercourse, there would be no question that the 'donor' would be the father. The issue becomes whether a man is any less a father because he provides the semen by a method different from that normally used*". Já no caso *Jhordan C. v. Mary K.*, 224 Cal. Rptr. 530 (Ct. App. 1986), também posto por VELTE, Kyle, Egging on Lesbian Maternity..., pp. 444-445, Devin foi concebido por inseminação artificial com sêmen doado a Mary por Jhordan. *In casu*, Mary tinha planos de criar um filho com sua amiga Victoria e recorreu a Jhordan, que contribuiu com seu material genético. Por seu turno, Jhordan foi informado por Mary que não queria um doador que desejasse um relacionamento íntimo e contínuo com a criança, concordando apenas que Jhordan seria capaz de ver a criança. Assim, Mary se inseminou artificialmente em casa com esperma doado por Jhordan e deu à luz Devin, em 1980. Ocorre que, após o nascimento da criança, Jhordan exigiu o reconhecimento da paternidade e direito de visitação. Na oportunidade, curiosa foi a conclusão do Tribunal: "*We wish to stress that our opinion in this case is not intended to express any judicial preference toward traditional notions of family structure or toward providing a father where a single woman has chosen to bear a child. Public policy in these areas is best determined by the legislative branch of government, not the judicial. Our Legislature has already spoken and has afforded to unmarried women a statutory right to bear children by artificial insemination (as well as a right of men to donate semen) without fear of a [179 Cal. App. 3d 398] paternity claim, through provision of the semen to a licensed physician. We simply hold that because Mary omitted to invoke Civil Code section 7005, subdivision (b), by obtaining Jhordan's semen through a*

3. A faceta de um pretenso direito subjetivo ao que é tecnologicamente possível?

A resposta será afirmativa. Em que pese certa doutrina hesitar nesse reconhecimento[151], o direito à reprodução, como assevera Vera Lúcia Raposo, pode processar-se quer por via do ato íntimo e carnal do sexo, quer por meio das técnicas de procriação medicamente assistida e compreende, nesse último, no direito de aceder às referidas técnicas e escolher aquela que lhe for mais conveniente[152]. Não muito diferente, Eleonora Lamm entende que este direito à reprodução deve ser interpretado *"en el sentido de que una pareja o un individuo tiene derecho a reproducirse no sólo de forma natural, sino también mediante las nuevas tecnologías reproductivas"*[153]. John Robertson, a esse propósito, considera que *"if*

licensed physician, and because the parties by all other conduct preserved Jhordan's status as a member of Devin's family, the trial court properly declared Jhordan to be Devin's legal father". Em outra decisão, não obstante a particularidade do caso concreto, viu-se também a atribuição da paternidade ao doador de gametas (*Thomas S. v. Robin Y.*, 618 N.Y.S.2d. 356 [App. Div. 1994], conforme consta em VELTE, Kyle, Egging on Lesbian Maternity..., pp. 446-447).

151 Nesse sentido, MEULDERS-KLEIN, Marie-Therese, Le droit de l'enfant..., pp. 663 e ss., diferente do que conclui quanto à existência de um direito a procriar por métodos que diz "naturais", hesita no mesmo reconhecimento face à reprodução com recurso a essas técnicas, por considerar que não estaríamos perante uma liberdade individual (o que se extrairia do art. 8.º, do CEDH), mas sim perante o exercício de uma atividade submetida às regras do direito médico. DEECH, Ruth, Losing Control? – Some Cases, In: Marie-Thérèse Meulders-Klein, Ruth Deech e Paul Vlaardingerbroek (edts.), *Biomedicine, the Family and Human Rights*, Kluwer Law International, The Hauge/ London/ NewYork, 2002, p. 581-598, pp. 593 e ss, ao contrário de Marie-Therese Meulders-Klein, sequer considera a reprodução humana como um direito, quanto mais aquela que ocorre com o auxílio das técnicas reprodutivas. Em Portugal, CANOTILHO, J.J. Gomes e MOREIRA, Vital, *A Constituição da República Portuguesa Anotada...*, p. 567, consideram problemático saber se o direito a ter filhos envolve um direito à inseminação artificial heteróloga ou à gestação de substituição, por exemplo. Por sua vez, ASCENSÃO, José de Oliveira, Procriação Assistida e Direito..., p. 648, ao partir da hipótese de um casal impossibilitado de procriar por vias que considera "normais", diz-nos que o recurso a vias artificiais pode revelar-se traumatizante, implicando num egoísmo injustificado. Para ele "mesmo não havendo proibição jurídica, não há um fundamento natural que torne legítimas estas práticas".

152 RAPOSO, Vera Lúcia, *Direito à Imortalidade...*, p. 157.

153 LAMM, Eleonora, *Gestación por sustitución...*, p. 230.

the moral right to reproduce presumptively protects coital reproduction, then it should protect noncoital reproduction as well"[154].

Guilherme de Oliveira, ao reconhecer um direito fundamental a procriar (o que extrai do direito a constituir família, consagrado no art. 36.º, n.º 1, da CRP), observa que a procriação assistida não era pensada no passado como um problema jurídico. Ainda assim, não é pelo fato de os comandos constitucionais não terem sido elaborados pensando num "direito a procriar por técnicas de PMA", que se exclui sua possibilidade ou apequena seu valor. Trata-se, em boa verdade, de se conferir "aos indivíduos um direito à utilização dos meios cientificamente comprovados e aptos para a procriação (...) constitui faceta de um pretenso direito subjectivo ao que é tecnologicamente possível"[155]. Nesses termos, devemos mais uma vez recordar que os direitos fundamentais são direitos históricos e caberá à doutrina interpretar e atualizar os preceitos constitucionais ao nosso tempo[156].

Assim, segundo a doutrina de Carlos Pamplona Corte-Real, a qual se acolhe, "deve valer entre nós, e à face da nossa lei, um recorte conceptual alargado, do direito a procriar, abarcando a procriação artificial através de processos médicos aceites e juridicamente reconhecíveis"[157]. Devemos ter em considerando, em referência as ideias de Friedrich Engels, que a família, enquanto produto do sistema social e reflexo do estado de cultura desse sistema, "deve progredir na medida em que progrida a sociedade, que deve modificar-se na medida em que a sociedade se modifique; como sucedeu até agora"[158]. Nesse pensar, o direito não pode manter-se alheio à realidade e às transformações sociais.

Não se pense, contudo, que ao reconhecermos a existência de um direito a procriar por técnicas laboratoriais de reprodução, queremos, com isso, exigir um filho, de modo que implique uma contraprestação estatal em garantir um filho a toda pessoa que deseja ser pai ou mãe (numa espécie de obrigação de

[154] ROBERTSON, John, *Children of Choice...*, p. 32.

[155] OLIVEIRA, Guilherme de, Aspectos jurídicos da procriação assistida..., p. 06.

[156] Sobre essa dimensão dos direitos fundamentais, cfr. BOBBIO, Norberto, *A Era dos Direitos...*, p. 05 e PECES-BARBA, Gregorio, *Curso de Derechos Fundamentales...*, p. 146.

[157] CORTE-REAL, Carlos Pamplona, Os efeitos familiares e sucessórios da procriação medicamente assistida (P.M.A.)..., pp. 101-102.

[158] ENGELS, Friedrich, *A Origem da Família, da Propriedade Privada e do Estado*, 9.ª ed. em português, trad. Leandro Konder, Civilização Brasileira, Rio de Janeiro, 1984, p. 91.

resultado, para usarmos uma linguagem civilística). Do mesmo modo que a sociedade não está vinculada a garantir saúde a qualquer moribundo, ou dar um marido ou uma esposa a quem está solteiro mas goza do direito fundamental de contrair casamento, a expressão "direito a ter um filho" mediante técnicas de PMA não se traduz, crua e objetivamente, num filho propriamente dito[159]. A afirmação referida só pode ter algum sentido quando se traduz num direito às condições que permitam ter um filho (na dimensão civilística de obrigação de meio)[160], o que passa pelas técnicas reprodutivas[161], até porque, como pontua Ovadia Ezra, possuir um direito inclui também ter todas as condições e meios necessários para capitalizar esse direito[162].

Deste modo, não é pelo fato de certo tratamento ter sido mal sucedido e não se alcançar um determinado resultado derivado do exercício desse direito (*v.g.*, uma gravidez), que se pode dizer que esse direito a procriar por técnicas foi violado. Como dito, esse direito é um direito aos meios e não um direito

159 OLIVEIRA, Guilherme de, Beneficiários da Procriação Medicamente Assistida, In: *Temas de Direito da Medicina I*, Coimbra Editora, Coimbra, 1999, p. 31-58, p. 33.

160 OLIVEIRA, Guilherme de, Beneficiários da Procriação Medicamente Assistida..., p. 33. Também nesse sentido, cfr. RAPOSO, Vera Lúcia, *Direito à Imortalidade...*, p. 158 e D'ONORIO, Joël-Benoît, LEJEUNE, Jerôme *et alli*, *La vie prénatale: biologie, morale et droit*, Téqui, Paris, 1986, p. 47.

161 RAPOSO, Vera Lúcia, *Direito à Imortalidade...*, p. 158.

162 EZRA, Ovadia, *The Withdrawal of Rights: Rights from a Different Perspective*, Springer, Boston, 2002, p. 03. Segundo explica: "*However, there is another way to evaluate rights, without a direct reference to interests. From this aspect of evaluation we have to decide whether we consider rights as 'trumps', in Dworkin's terminology, and hence function as what Rawls defines as a 'final court of appeal for ordering the conflicting claims of moral persons'. Such an attitude toward rights sometimes requires us not only to impose constraints on others, but also to take concrete actions to fulfill the rights. This concept of rights involves, at least, 'some sort of normative direction on the behavior of others', as Rex Martin carefully formulates this demand. Such an understanding of rights means that the acknowledgement of one's claim as a right includes, inter alia, the assurance that the relevant respondent will carry out the requirements that are demanded by that right. Otherwise the fulfillment of the above right may be subject to the respondent's good will or benevolence. At this level, possessing a right also includes having all the necessary conditions and means to capitalize on that right. It means that the owner of a right has a real capability of exercising his right*" (*ibidem*, pp. 2-3). Sobre os direitos fundamentais como "trunfos", cfr. DWORKIN, Ronald, *Los Derechos en Serio*, trad. para o espanhol por Marta Guastavino, 5.ª reimpr. da 2.ª ed., Editorial Ariel, Barcelona, 2017, p. 37 (e, em Portugal, NOVAIS, Jorge Reis, *Direitos Fundamentais e Justiça Constitucional*, AAFDL, Lisboa, 2017, pp. 49 e ss.). Em termos jurisprudenciais, cfr. o paradigmático caso Lüth, do Tribunal Federal Alemão (*BVerfGE* 7, 198).

ao resultado, porque o que se reivindica é o direito de não ser impedido de procriar, seja pelo próprio Estado ou por terceiros[163].

Em resumo, depois deste arrazoado bem significativo, parece-nos razoável afirmar que há um direito fundamental a procriar por técnicas laboratoriais de reprodução, que como já dito alhures, deriva, desde logo, do princípio da dignidade humana (art. 1.º, da CRP), do direito ao desenvolvimento da personalidade (art. 26.º, n.º 1, da CRP) e, de forma mais direta, do direito a constituir família (art. 36.º, n.º 1, da CRP)[164]. No que diz respeito ao direito à intimidade e reserva da vida privada e familiar (art. 26.º, n.º 1, da CRP), que outrora serviu de fundamento na reprodução com recurso ao ato íntimo e carnal do sexo, não parece comportar aqui o reconhecimento de um direito à reprodução, isto porque no âmbito das técnicas de PMA a reprodução está longe de ser considerada um processo íntimo e pessoal, pelo fato de envolver "uma panóplia de pessoas e sua posta em prática é deslocada do leito conjugal (ou não tanto) para a ribalta do hospital"[165]. Apesar dessa constatação, não se pode deixar de reconhecer a importância desse preceito no âmbito da PMA heteróloga, quando envolver a doação anônima de gametas[166].

163 RAPOSO, Vera Lúcia, *Direito à Imortalidade...*, p. 159.

164 Como exposto no capítulo I, "3.2. A identificação do direito à reprodução na ordem jurídica".

165 RAPOSO, Vera Lúcia, *Direito à Imortalidade...*, p. 290. Também evidenciando esse aspecto "publicista" da PMA, cfr. DEECH, Ruth, Losing Control?..., pp. 592-593.

166 Em Portugal, adotou-se, em princípio, um regime de anonimato legal das doações de gametas, permitindo-se apenas o acesso à dados de natureza genética e informações sobre eventuais impedimentos matrimoniais. O conhecimento da identidade civil do doador só era possível se autorizado pelo próprio titular ou por "razões ponderosas" reconhecidas em decisão judicial. Apesar de num primeiro momento a Corte Constitucional manifestar-se pela constitucionalidade desse regime (cfr. ac. n.º 101 do Tribunal Constitucional, de 01 de abril de 2009, Conselheiro relator Carlos Fernandes Cadilha), declarou, em maio de 2018, a inconstitucionalidade dos arts. 15.º, n.ºs 1 e 4, 10.º, n.ºs 1 e 2, e 19.º, n.º 1, todos da LPMA, face a restrições desnecessárias ao conhecimento da identidade dos doadores de gametas, fundamentalmente sustentada com base no direito ao conhecimento das origens genéticas (cfr. ac. n.º 225 do Tribunal Constitucional, de 07 de maio de 2018, Conselheiro relator Pedro Machete). Ato contínuo, na tentativa de adequar o regime legal, aprovou-se a Lei n.º 48/2019, de 8 de julho, que passou a permitir não apenas o acesso às informações de natureza genética, mas também o conhecimento da identidade civil dos doadores mediante simples requisição (art. 15.º, n.º 2, da LPMA). Ainda que não seja mais possível enquadrarmos o direito à intimidade e reserva da vida privada e familiar às doações de gametas que ocorram perante o novo regime legal (neste cenário, o interesse do doador é meramente autotutelável, isto é, se não

Ainda, em particular, acrescentaríamos no âmbito da reprodução assistida a efetivação das condições que permitam a realização pessoal dos membros da família (art. 67.º, n.º 1, da CRP), porque parece-nos incontestável que às técnicas de PMA possam contribuir para a realização pessoal dos membros da família[167]. Em complemento, esse preceito pode ainda ser conjugado com o direito de se beneficiar do desenvolvimento científico e tecnológico (art. 27.º, n.º 1, da DUDH e art. 15.º, n.º 1, al. "b", da PDESC), que apesar de não ser reconhecido expressamente na Constituição portuguesa, pode ser considerado como parte integrante do ordenamento jurídico (art. 8.º, da CRP). Trata-se, novamente, da "faceta de um pretenso direito subjectivo ao que é tecnologicamente possível"[168].

Dessa forma, o recurso à procriação assistida, como arremata Guilherme de Oliveira, "cabe no exercício constitucional de procriar; sem prejuízo dos limites que se estabelecerem para esse exercício, com base na proteção de outros valores conflituantes e com a mesma dignidade constitucional"[169]. Esses limites, aliás, merecerão um capítulo à parte, como logo mais se verá.

concorda com a liberação de seus dados, basta que não intervenha no processo reprodutivo), essa proteção ainda é subsumível às doações ocorridas no antigo regime, que garantia a confidencialidade da identidade civil do doador (na redação original da Lei n.º 32/2006). Nesse ponto, Lei n.º 48/2019 estabeleceu uma norma transitória: "1 – Exceto nos casos em que os dadores autorizem de forma expressa o levantamento do anonimato, são abrangidos por um regime de confidencialidade da identidade civil do dador: a) Os embriões resultantes de doações anteriores ao dia 7 de maio de 2018 e utilizados até cinco anos após a entrada em vigor da presente lei; b) Os gâmetas resultantes de doações anteriores ao dia 7 de maio de 2018 e utilizados até três anos após a entrada em vigor da presente lei; c) As dádivas que tiverem sido utilizadas até ao dia 7 de maio de 2018. 2 – O regime de confidencialidade do dador, a que se refere o n.º 1, não prejudica o direito de acesso às informações previstas nos n.os 2, 3 e 5 do artigo 15.º da Lei n.º 32/2006, de 26 de julho, na redação dada pela presente lei. 3 – Findos os prazos previstos no n.º 1, os gâmetas e embriões doados ou resultantes de doações são destruídos no caso de o dador não ter, durante esse período, autorizado o levantamento do anonimato sobre a sua identificação civil".

167 RAPOSO, Vera Lúcia, *Direito reprodutivos...*, p. 117.

168 Como evoca OLIVEIRA, Guilherme de, Aspectos jurídicos da procriação assistida..., p. 06.

169 OLIVEIRA, Guilherme de, Beneficiários da Procriação Medicamente Assistida..., p. 36.

3.1. O reconhecimento do direito a procriar por técnicas laboratoriais de reprodução na jurisprudência

Em termos jurisprudenciais, não podemos deixar de referenciar que a tese que advoga pelo reconhecimento do direito a procriar por técnicas laboratoriais de reprodução tem sido reconhecida por alguns tribunais.

Na jurisprudência norte-americana, por exemplo, no seguimento de emblemáticas decisões a nível de direito reprodutivo[170], importa observar que a aceitação de um direito ao uso de técnicas de PMA ganhou destaque fora da *Supreme Court*, no famoso caso *Baby M*[171]. Nele, apesar de a *Supreme Court of New Jersey* invalidar um contrato de gestação de substituição com recurso aos gametas do elemento masculino do casal beneficiário, constatou-se, quando do julgamento em primeira instância, que a reprodução ocorrida naqueles moldes (com recurso a inseminação artificial) era garantida constitucionalmente por um direito à reprodução, interpretação que se extraiu da *Fourteenth Amendment.* Em outras palavras, reconheceu-se que a reprodução era um direito, aconteça quer via da relação sexual, quer por meio das técnicas de PMA.

No âmbito da Corte Interamericana de Direitos Humanos, o caso *Artavia Murillo y otros contra Costa Rica*[172] merece especial referência. Nele, a CIDH declarou que uma vedação existente na lei da Costa Rica, que vedava o acesso aos processos de fertilização *in vitro*, constituía uma violação à alguns direitos humanos, como o direito à vida privada e familiar, o direito de formar família e o direito à não discriminação. Nas palavras da Corte, "*del derecho de acceso al más alto y efectivo progreso científico para el ejercicio de la autonomía reproductiva y la posibilidad de formar una familia se deriva el derecho a acceder a los mejores servicios*

[170] Como nas já citadas *Meyer v. Nebraska*, 262 U.S. 390 (1923); *Buck v. Bell*, 274 U.S. 200 (1927); *Skinner v. Oklahoma*, 316 U.S. 535 (1942); *Griswold v. Connecticut*, 381 U.S. 479 (1965); *Eisenstadt v. Baird*, 405 U.S. 438 (1972); *Carey v. Population Services International*, 431 U.S. 678 (1977); *Roe v. Wade*, 410 U.S. 113 (1973); *Planned Parenthood of Central Missouri v. Danforth*, 428 U.S. 52, 53 (1976); e *Planned Parenthood of Southeastern Pa. v. Casey*, 505 U.S. 833 (1992).

[171] *Baby M*, 537 A.2d 1227, 109 N.J. 396 (N.J. 1988). Também relatando o caso *Baby M*, cfr. STEINBOCK, Bonnie, Surrogate Motherhood as Parental Adoption, In: *Legal and Ethical Issues in Human Reproduction*, Ashgate, Aldershot, 2002, p. 44-50 e, no direito português, RAPOSO, Vera Lúcia, *De mãe para mãe: Questões legais e éticas suscitadas pela maternidade de substituição*, Coimbra Editora, Coimbra, 2005, pp. 93-98.

[172] *Artavia Murillo y otros contra Costa Rica*, decisão de 28 de novembro de 2012.

de salud en técnicas de asistencia reproductiva, y, en consecuencia, la prohibición de restricciones desproporcionadas e innecesarias de iure o de facto para ejercer las decisiones reproductivas que correspondan en cada persona".

Já na jurisprudência do Tribunal Europeu dos Direitos Humanos, algumas outras decisões seguiram caminhos similares. Em *Evans v. The United Kingdom*[173], declarou que a vida privada inclui o direito ao respeito tanto pela decisão de se tornar pai quanto pela decisão de não se tornar pai, e especificou com relação à regulamentação da FIV que o direito de respeitar a decisão de se tornar pai no sentido genético se enquadra no âmbito do art. 8.º, da CEDH. Em *Dickson v. The United Kingdom*[174], declarou que a recusa da inseminação intrauterina diz respeito à vida privada e familiar dos beneficiários, cujas noções incorporam o direito ao respeito por sua decisão de se tornarem pais genéticos, o que seria resguardado pelo art. 8.º da Convenção. Já em *S.H. and Others v. Austria*[175], o TEDH se referiu explicitamente ao direito de acesso às técnicas de PMA, como a FIV, afirmando que o direito do casal de ter um filho e de fazer uso da procriação assistida para esse fim é protegido pelo art. 8.º, uma vez que essa escolha constitui uma expressão da vida privada e familiar.

3.2. A regulamentação das técnicas de PMA

Apesar de contundentes objeções meta-jurídicas, essencialmente ligadas ao catolicismo[176], o uso das técnicas de procriação medicamente assistida

[173] *Evans v. The United Kingdom*, (n.º 6339/05), decisão de 10 de abril de 2007.

[174] *Dickson v. The United Kingdom*, (n.º 44362/04), decisão de 4 de dezembro de 2007.

[175] *S.H. and Others v. Austria*, (n.º 57813/00), decisão de 3 de novembro de 2011.

[176] Nesse sentido, a Instrução *Donum vitae*, datada de 22 de fevereiro de 1987, com aprovação do então Papa João Paulo II, evidencia a rejeição eclesiástica às técnicas de procriação assistida, sendo admissível como única solução para a esterelidade o recurso a adoção. No mais, é apenas permitido a cópula com fins reprodutivos entre homem e mulher casados. Mais tarde, no dia 25 de março de 1995, em carta encíclica (*Evangelium Vitae*), enviada pelo ainda Papa João Paulo II, denunciou-se várias técnicas de reprodução artificial, "que pareceriam estar ao serviço da vida e que, não raro, são praticadas com essa intenção, na realidade abrem a porta a novos atentados contra a vida". Em complemento, criticou-se também a manipulação de embriões, que "são produzidos às vezes embriões em número superior ao necessário para a implantação no útero da mulher e esses, chamados «embriões supranumerários», são depois suprimidos ou utilizados para pesquisas que, a pretexto de progresso científico ou médico, na realidade reduzem a vida humana a simples «material biológico», de que se pode livremente dispor". Em outras religiões, como o judaísmo e o islamismo, a prática da inseminação artificial

enquanto método reprodutivo é prática já comum e aceita nos mais diversos ordenamentos jurídicos, como, por exemplo, na Espanha[177], França[178], Alemanha[179], Itália[180], Suíça[181], Suécia[182], Bélgica[183], Islândia[184], Áustria[185], Reino Unido[186], Estados Unidos[187], Austrália[188], Rússia[189], África do Sul[190] e Brasil[191].

e o congelamento de material genético é aceito, sendo contrárias à doação de embriões e de material genético; no budismo e no espiritismo, aceita-se à doação de embrião e de material genético, dado seu caráter reincarnacionista; já no luteranismo, permite-se a maioria das práticas, salvo a doação de material genético; entre os ortodoxos, por sua vez, aceita-se a IA, a FIV e o congelamento de óvulos, proibindo-se a doação de embriões, a criopreservação e à doação de material genético. Para um estudo da reprodução assistida à luz das religiões, cfr. MALUF, Adriana Dabus, *Curso de Bioética e Biodireito*, 4.ª ed., Almedina, São Paulo, 2020, pp. 206-207.

177 *Ley 14/2006, de 26 de mayo.*

178 *Code de la Santé Publique (CSP).*

179 *Gesetz zum Schutz von Embryonen (Embryonenschutzgesetz – ESchG).*

180 *Legge 19 febbraio 2004 n.º 40.*

181 *Loi fédérale sur la procréation médicalement assistée, du 18 décembre 1998.*

182 *Lag (1984:1140) om insemination.*

183 *Loi du 6 juillet 2007 relative à la procréation médicalement assistée et à la destination des embryons surnuméraires et des gamètes.*

184 *Lög um tæknifrjóvgun og notkun kynfrumna og fósturvísa manna til stofnfrumurannsókna, 1996 nr. 55 29. maí.*

185 *Fortpflanzungsmedizingesetz – FmedG.*

186 *Human Fertilization and Embryology Act 2008.*

187 Nos Estados Unidos, adeptos de um regime de *common law* e de precedentes, recorre-se caso a caso às contribuições jurisprudenciais e por vezes a leis federais ou estaduais. Contudo, em matéria de técnicas reprodutivas, o contributo jurisprudencial é escasso e a solução irá variar de Estado para Estado federado, em face da autonomia legislativa de que gozam, adotando por vezes o *Uniform Parentage Act*. Quanto a opção pela não-regulamentação, ANNAS, George, The Shadowlands: The Regulation of Human Reproduction in the United States, In: Sanford Katz, John Eekelaar e Mavis Maclean (edts.), *Cross Currents: Family Law and Policy in the US and England*, Oxford University Press, Nova York, 2000, p. 143-164, p. 143, explica que existem 3 razões: "*Historically, although physicians have been licensed by the individual states for almost a hundred years, states have permitted the medical profession itself to define the 'practice of medicine', including what procedures (such as new reproductive teachnologies) are medical. Economically, the United States is in the grips of free market medicine, and has been since the demise of the Clinton Health Care Plan in 1994. Under free market ideology, physicians offer services to consumers, who decide whether or not to accept them on the basis of their personal desires and income. Politically, the continuing national debate on abortion, most recently focusing on so-called 'partial birth abortion' statutes aimed at outlawing a specific method of abortion, has profoundly diluted public support for governmental regulation of anything related to pregnancy*".

188 *Infertility (Medical Procedures) Act 1984.*

189 *Federal Law No. 323-FZ.*

190 *Children's Act 38 of 2005.*

Nomeadamente em Portugal, após inúmeras alterações legislativas[192], a procriação assistida ganha regulamentação específica com o advento da Lei n.º 32/2006, de 26 de julho, também conhecida como Lei de Procriação Medicamente Assistida (LPMA). A Lei n.º 32/2006, de 26 de julho, com alterações dadas posteriormente pelas Leis n.º 59/2007, de 04 de setembro, n.º 17/2016, de 20 de junho, n.º 25/2016, de 22 de agosto, n.º 58/2017, de 14 julho, n.º 49/2018, de 14 de agosto, n.º 48/2019, de 08 de julho, n.º 72/2021, de 12 de novembro, e n.º 90/2021, de 16 de dezembro, considera às técnicas de PMA um método subsidiário, e não alternativo, de procriação (art. 4.º, n.º 1), o que significa reconhecer que a ordem jurídica portuguesa não confere a possibilidade de escolha entre a reprodução por vias sexuais ou por técnicas de reprodução assistida.

Nos termos da lei, a utilização de técnicas de procriação assistida pressupõe diagnóstico de infertilidade ou ainda para tratamento de doença grave ou do risco de transmissão de doenças de origem genética, infecciosa ou outras (art. 4.º, n.º 2), o que não parece se aplicar às mulheres, já que por exceção legal expressa "as técnicas de PMA podem ainda ser utilizadas por todas as mulheres independentemente do diagnóstico de infertilidade" (art. 4.º, n.º 3).

Relativamente a quem pode recorrer a essas técnicas, a LPMA estabelece como beneficiários "os casais de sexo diferente ou os casais de mulheres, respetivamente casados ou casadas ou que vivam em condições análogas às dos

[191] Apesar de o Brasil não gozar de disciplina legal específica, estabelece regras de filiação decorrente de técnicas de procriação assistida (Art. 1.597, incisos III, IV e V, do CC) e normas éticas para a utilização dessas técnicas (Resolução nº 2.320/2022, de 20 de setembro, do CFM).

[192] O primeiro passo para a regulamentação da procriação medicamente assistida veio em setembro de 1986, quando a Assembleia Parlamentar do Conselho da Europa, com a Recomendação n.º 1.046, em 24 de setembro de 1986, sugeriu aos Estados membros que regulamentassem o uso de técnicas de PMA. Em Portugal, a recém-nascida Comissão para o Enquadramento Legislativo das Novas Tecnologias, em atenção às recomendações da Assembleia Parlamentar do Conselho da Europa, editou o Decreto-Lei n.º 319/86, de 25 de setembro de 1986, que estabeleceu regras relativas à disciplina e atividade dos bancos de esperma. Em 1997, com a alteração no texto constitucional, promovido pela Lei Constitucional n.º 1/97, foi atribuído ao Estado português a obrigação de regulamentar a matéria, em atenção aos valores constitucionais da dignidade da pessoa humana, consagrados no art. 67.º, n.º 2, al. "e", da CRP, elevando a PMA a patamar de garantia constitucional. Em atenção ao comando constitucional, em 2006 foi aprovado a Lei n.º 32, regulando expressamente a PMA no ordenamento jurídico português. A respeito da legislação sobre procriação medicamente assistida, cfr. PINHEIRO, Jorge Duarte, *Direito da Família Contemporâneo...*, pp. 165-169.

cônjuges, bem como todas as mulheres independentemente do estado civil e da respetiva orientação sexual" (art. 6.º, n.º 1). Limita-se ainda o acesso as pessoas com idade de, pelo menos, 18 anos "e desde que não exista uma sentença de acompanhamento que vede o recurso a tais técnicas" (art. 6.º, n.º 2). Em complemento, apesar de a Lei n.º 32/2006, de 26 de julho, nada dispor sobre um limite máximo de idade para homens ou mulheres, a ACSS e a DGS, através da Circular Normativa Conjunta[193], de 08 de março de 2022, redefiniram o regime de acesso as técnicas de PMA no âmbito do SNS, estabelecendo um limite de idade para as mulheres, o qual varia de 40 a 50 anos. A novidade, a esse propósito, surge quanto ao alargamento da idade máxima, que antes era de 42 anos para as técnicas de 1.ª linha (indução da ovulação e inseminação intra-uterina) e 40 anos, para as técnicas de 2.ª (fertilização *in vitro* e injeção intracitoplasmática de espermatozoide); agora, a nova norma alarga o acesso para as mulheres com doença grave, nas situações em que não ultrapassem a idade de 50 anos e desde que já exista material genético criopreservado.

Sobre outros aspectos do regime português, vale ainda destacar: (*i*) a admissibilidade dos processos heterólogos (art. 10.º); (*ii*) a possibilidade das pessoas nascidas com o recurso a dádiva de gametas ou embriões obterem as informações de natureza genética que lhes digam respeito, bem como informações sobre a identidade civil do doador (art. 15.º); (*iii*) a admissibilidade da gestação de substituição, que necessariamente deverá ocorrer através de uma técnica de PMA (art.º 8.º); (*iv*) autorização do uso de técnicas de diagnóstico genético pré-implantacional (arts. 28.º e 29.º); (*v*) a reprodução *post mortem* (arts. 22.º e 26.º); e (*vi*) a proibição a clonagem reprodutiva (art. 7.º, n.º 1).

4. A via adotiva como um argumento contrário ao uso dessas técnicas?

Não se conclui este capítulo sem que se proceda uma última e rápida reflexão comum no nosso âmbito de análise: constitui a via adotiva um argumento contrário ao uso dessas técnicas? Isto é, pode-se afirmar que existem muitas crianças que necessitam de adoção, o que não justificaria permitir aos casais impossibilitados de procriar buscar refúgio nas técnicas de PMA.

[193] Cfr. Circular Normativa Conjunta 4/ACSS/DGS, março de 2022.

A resposta, segundo cremos, será negativa, o que se diz por duas ordens de razão. Primeiro porque poderemos invocar o mesmo argumento contra os casais férteis. Quer dizer, porque lhes é permitido procriar se existem muitas crianças que necessitam de adoção[194]? Não nos parece legítimo e até mesmo razoável exigir que esses casais, para além de suportar o pesado encargo imposto pela natureza, tenham ainda a responsabilidade para com as crianças que foram abandonadas pelos seus pais. Essa responsabilidade, aliás, é de toda a sociedade. Depois porque o que justifica o recurso às técnicas de PMA é justamente seu caráter genético (ou pelo menos de aparência biológica) com outro ser humano, o que não torna a adoção uma alternativa neste cenário[195]. Quem adota, por exemplo, não estará a exercer um direito à reprodução, mas sim um direito a constituir família.

[194] O mesmo questionamento também é feito por RAPOSO, Vera Lúcia, *De mãe para mãe...*, p. 23, ao analisar a analogia entre a gestação de substituição e a adoção.
[195] RAPOSO, Vera Lúcia, "Dá-me licença que tenha filhos?"..., pp. 3-4.

Capítulo III – Restrições legais ao exercício do direito a procriar por técnicas reprodutivas

Chegado a esse ponto, temos que a reprodução humana constitui um direito, ocorra ela por via do ato sexual ou com o auxílio das técnicas laboratoriais. Apesar disso, Yolanda Gomez Sanchez lembra-nos que "*debemos aceptar que tal derecho a la reproducción no es absoluto, como tampoco lo son aquellos de los que deriva y em los que tiene su origen*"[196]. Quer dizer, subjacente a aceitação da reprodução humana como um direito, defrontamo-nos com a concomitante aceitação da existência de limites a esse direito[197], como natural de qualquer direito, por mais fundamental que se considere[198].

[196] GOMEZ SANCHEZ, Yolanda, *El Derecho a la Reproducción humana...*, p. 59.

[197] RAPOSO, Vera Lúcia, *Direito à Imortalidade...*, p. 662.

[198] "Não será seguramente novidade afirmar neste momento que os direitos fundamentais, mesmo os direitos, liberdades e garantias, não são absolutos nem ilimitados. Não o são na sua dimensão subjetiva, porque os preceitos constitucionais não remetem para o arbítrio do titular a determinação do âmbito e do grau de satisfação do respetivo interesse, e também porque é inevitável e sistémica a conflitualidade dos direitos de cada um com os direitos dos outros. E, podemos dizê-lo, nunca se sustentou que o fosse, já que mesmo na época liberal-individualista se entendia que os direitos fundamentais (cada um dos direitos e os direitos de cada um) tinham como limite a necessidade de assegurar aos outros o gozo dos mesmo direitos. Não o são também enquanto valores constitucionais, visto que a Constituição não se limita a reconhecer o valor da liberdade: liga os direitos a uma ideia de responsabilidade social e integra-se no conjunto dos valores comunitários. Assim, além dos limites «internos» do subsistema jusfundamental, que resultam das situações de conflito entre os diferentes valores que representam as diversas facetas da dignidade humana, os direitos fundamentais têm também limites «externos», pois hão de conciliar as suas naturais exigências com as imposições próprias da vida em sociedade: a ordem pública, a ética ou moral social, a autoridade

O problema dos limites dos direitos fundamentais se coloca, como explica Vieira de Andrade, "na maior parte dos casos, como um conflito prático entre valores – entre os valores próprios dos direitos ou entre esses e outros valores comunitários – no contexto do sistema constitucional"[199]. No campo dos direitos reprodutivos, esse defronta-se com os mesmos limites ou, quiçá, com restrições ainda mais robustas, por colocar em causa sujeito alheio aos próprios titulares do direito, isto é, a criança que virá a nascer[200]. Há que se ponderar, portanto, em um equilíbrio de interesses, tendo em conta que o reconhecimento de um direito a procriar não resulta, necessariamente, numa liberdade absoluta em procriar[201], porque se assim não fosse, cairíamos numa reinvindicação quase ilimitada face aos novos avanços tecnológicos.

Dentre o leque de restrições de direitos, que poderá resultar de *(i)* restrições constitucionais diretas ou imediatas, *(ii)* restrições estabelecidas por lei mediante autorização expressa da constituição e *(iii)* restrições não expressamente autorizadas pela constituição, mas cuja admissibilidade é postulada pela necessidade de resolução de conflitos de direitos[202], restringiremos nossa análise a segunda categoria, as restrições que resultam de opções legislativas (designada de "reserva da lei restritiva"), isto porque os critérios elegíveis pelo legislador acabam por excluir o acesso à certos indivíduos, que têm a PMA como única forma possível de terem filhos biologicamente seus (ou pelo menos

do Estado, a segurança nacional, entre outros" (ANDRADE, José Carlos Vieira de, *Os direitos fundamentais na constituição portuguesa de 1976*, 5ª ed., Almedina, Coimbra, 2012, pp. 263-264).

199 ANDRADE, José Carlos Vieira de, *Os direitos fundamentais na constituição portuguesa de 1976...*, p. 264.

200 RAPOSO, Vera Lúcia, *Direito à Imortalidade...*, pp. 663-664. De forma mais direta, enquanto fundamento para limitação dos direitos reprodutivos, CAMPIGLIO, Cristina, *Procreazione assistita e famiglia nel diritto Internazionale...*, p. 31, aponta para a proteção do embrião e dos direitos do futuro filho, o que impõe, segundo LISSA, Giuseppe, La procreazione assistita tra conflitti di valori e conflitti di doveri, In: Paolo Amodio (edt.), *La procreazione medicalmente assistita: attualità bioetica e attualità giuridica*, Edizioni Partagées, Napoli, 2005, p. 24-38, pp. 36-38, uma espécie de responsabilidade reprodutiva pela procriação.

201 RAPOSO, Vera Lúcia, *Direito à Imortalidade...*, p. 659. Trabalhando a distinção entre "*freedom to procreate*" e "*freedom in procreation*, cfr. ROBERTSON, John, Procreative Liberty and the Control of Conception, Pregnancy, and Childbirth..., p. 410 e ROSE, Andre, Reproductive Misconception: Why Cloning Is Not Just Another Assisted Reproductive Technology, *Duke Law Journal*, vol. 48, n.º 5, 1999, p. 1133-1156, pp. 1147-1148.

202 Sobre essas restrições, cfr. CANOTILHO, J.J. Gomes, *Direito Constitucional e Teoria da Constituição*, 7.ª ed., 14ª reimpr., Almedina, Coimbra, 2003, pp. 1276 e ss.

de aparência biológica). De nossa parte, buscaremos refletir se as restrições legais que têm sido impostas (e outras mais que poderão valer, por força de uma aplicação analógica de outros preceitos) no acesso às técnicas de PMA, resultam de uma ponderação justificável e legítima, em respeito aos ditames estabelecidos no art. 18.º, da CRP ou se seriam de se repudiar, por se revelarem injustificáveis e incompatíveis com o exercício de um direito fundamental a procriar por PMA.

A ser assim, nossa pesquisa será fundada em oito critérios: idade, estado civil, orientação sexual, subsidiariedade, racionamento, estado de saúde, diligência parental e lapso temporal.

1. Critérios usualmente aplicados

1.1. Critério da idade

1.1.1. Idade mínima

A primeira das restrições usualmente aplicadas na procriação medicamente assistida é quanto a idade dos beneficiários, que diz respeito a um limite mínimo e máximo de acesso. Relativamente ao limite mínimo para fazer uso da PMA, lê-se no art. 6.º, n.º 2, da LPMA (com redação dada pela Lei n.º 49/2018, de 14 de agosto) que as "técnicas só podem ser utilizadas em benefício de quem tenha, pelo menos, 18 anos de idade e desde que não exista uma sentença de acompanhamento que vede o recurso a tais técnicas". Dentre outros, do mesmo modo sucede na Espanha[203] e Noruega[204], por exemplo. A imposição desse limite mínimo, segundo Maria Margarida Silva Pereira, "é a adaptação da regra segundo a qual o acesso à PMA implica consciência, liberdade e responsabilidade"[205]. Exige-se, ao que parece, alguma maturidade para exercer a paternidade e a maternidade, o que acaba por coincidir com o limite da maioridade legal.

[203] Art. 6.º, da *Ley 14/2006, de 26 de mayo.*

[204] Seção 2-5, da *Lov om humanmedisinsk bruk av bioteknologi m.m. (bioteknologiloven).*

[205] PEREIRA, Maria Margarida Silva, *Direito da Família...*, p. 788.

A esse propósito, a doutrina parece ter pouco a dizer, porque prende-se, em termos críticos, à análise dos limites máximos[206], constantemente desafiados pelos avanços científicos, que cada vez mais parecem apontar para uma provável ampliação da idade fértil das mulheres[207]. Ainda assim, Jorge Duarte Pinheiro aponta algumas inconsistências significativas no regime português[208]. Em se tratando de reprodução por ato sexual, enfatiza que o legislador não nega às crianças o direito de serem pais. Após o nascimento da criança, aplicam-se as regras gerais de estabelecimento da filiação (arts. 1.796.º e ss., do CC), seguindo daí as inerentes responsabilidades parentais (art. 1.878, n.º 1, do CC), embora estejam inibidos de representar o filho e administrar os bens que a ele pertençam (art. 1.913, n.º 2, do CC)[209]. Apesar disso, nota que a lei não reconhece às crianças o direito de serem pais por outros vias, não lhes sendo permitido adotar, nem beneficiar do acesso à PMA (arts. 1.979, n.os 1 e 2, do CC, e 6.º, n.º 2, da LPMA, respectivamente). No que concerne a procriação assistida, considera questionável a exclusão peremptória das pessoas com idade inferior a 18 anos, porque, por um lado, afasta aquelas pessoas que, apesar da idade, se emanciparam pelo casamento, e, por outro lado, impossibilita o exercício das faculdades reprodutivas daquelas pessoas que, por ocasião de condições médicas, tornaram-se inférteis antes de completarem os 18 anos de idade[210].

A opção da lei portuguesa, de fato, parece duvidosa. Com a emancipação, atribui-se a pessoa com idade inferior a 18 anos plena capacidade de exercício

[206] Como é o caso de RAPOSO, Vera Lúcia, "Dá-me licença que tenha filhos?"..., pp. 6-9, ao reconhecer que o limite mínimo para fazer uso da PMA não suscita problemas jurídicos relevantes.

[207] Cientistas abrem as portas para a ampliação da idade fértil das mulheres, *El País*, janeiro de 2020.

[208] Com considerações muito similares, mas dentro do regime norte-americano, cfr. GOODWIN, Michele e DUKE, Naomi, Capacity and Autonomy: A Thought Experiment on Minors' Access to Assisted Reproductive Technology, *Harvard Journal of Law & Gender*, vol. 34, 2011, p. 503-552, pp. 545-552.

[209] PINHEIRO, Jorge Duarte, *Temas de Direito Pediátrico. Saúde da criança, capacidade e sujeição a responsabilidades parentais*, 1.ª ed., Gestlegal, Coimbra, 2021, pp. 219-222. Curiosamente, constata ainda que os pais adolescentes cabem a decisão sobre os cuidados médicos relativos ao filho, mas não sobre os cuidados que respeitam a eles próprios (exceto em casos excepcionais, como em questões sobre sexualidade e reprodução).

[210] PINHEIRO, Jorge Duarte, *Temas de Direito Pediátrico*..., pp. 222-223.

de direitos, habilitando-o a reger a sua pessoa e a dispor livremente dos seus bens como se fosse maior, salvo o disposto no artigo 1.649.º (art. 133.º, do CC). A manutenção de sua incapacidade, no âmbito da PMA, afigura-se incompatível com a lógica de cessão da incapacidade geral prevista no Código Civil[211]. De outro lado, parece ignorar aquelas situações em que pessoas, apesar da tênue idade, tem sua fertilidade ameaçada (*v.g.*, tratamento de câncer, síndrome de Turner etc.), que se tempestivamente recorrerem aos procedimentos laboratoriais (*v.g.*, criopreservação), são capazes de, em certa medida, preservarem suas perspectivas reprodutivas[212]. Deste modo, temos de concordar que o limite mínimo atualmente imposto, ainda que pensado para assegurar certas condições de maturidade, deverá ser ampliado para abarcar também as situações referenciadas.

Por último, poder-se-ia suscitar dúvidas quanto ao regime diferenciado existente entre a adoção e a procriação medicamente assistida, posto que para adotar exige-se idade mínima de 25 anos (art. 1.979, n.os 1 e 2, do CC), enquanto que para ter acesso à PMA fala-se em 18 anos (art. 6.º, n.º 2, da LPMA)[213]. A analogia, contudo, não é perfeita, o que resulta de uma diferença óbvia. Na adoção, o Estado procura pais para crianças e jovens abandonados e, no outro caso, trata-se de dar origem a uma criança que sequer foi concebida. Ao contrário do que sucedia no passado (onde a adoção era vista como um instituto através do qual os adotantes satisfaziam seus interesses – *v.g.*, dar continuidade a uma família, transmitir o patrimônio etc.), hodiernamente a adoção consagra-se como um meio de prover o bem-estar da criança e do jovem que não encontraram no seio familiar de origem um local adequado

[211] PINHEIRO, Jorge Duarte, *Temas de Direito Pediátrico...*, p. 223.

[212] PINHEIRO, Jorge Duarte, *Temas de Direito Pediátrico...*, p. 224.

[213] Como questiona PEDRO, Rute Teixeira, Uma revolução na conceção jurídica da parentalidade? Breves reflexões sobre o novo regime jurídico da procriação medicamente assistida, In: Luísa Neto e Rute Teixeira Pedro (orgs.), *Atas do Seminário Debatendo a procriação medicamente assistida*, FDUP/CIJE, Porto, 2017, pp. 107-126, p. 161: "por que se preveem requisitos etários mínimos para o recurso às técnicas de PMA e para a adoção? No artigo 4.º da LPMA, a lei basta-se com uma idade superior a 18 anos (artigo 6 da LPMA). No que concerne à adoção, fixa-se a idade mínima nos 25 anos, para a adoção conjunta, e nos 30 anos, para a adoção singular (ressalvada a hipótese de adoção do filho do cônjuge em que bastam os 25 anos de idade), nos termos do n.º 1 e n.º 2 do artigo 1979.º do CC. Não vislumbramos a razão para tal diferença. A maturidade necessária para recorrer às técnicas de PMA é menor do que aquela que é indispensável para a adoção?".

para sua sobrevivência e desenvolvimento[214]. É, assim, nas palavras de Mónica Jardim, "um instituto que visa a proteção da criança e a defesa do seu interesse de modo a assegurar, de forma definitiva, o seu futuro junto de outra família que lhe possa proporcionar todas as condições materiais e afectivas necessárias para o seu crescimento harmonioso, num ambiente familiar de bem-estar e de amor"[215]. Logo, o limite mínimo deve ser visto com algum cuidado, para se resguardar os interesses da criança (art. 1.974.º, n.º 1, do CC e art. 3.º, da Convenção sobre os Direitos da Criança de 1990), mostrando-se necessário garantir um certo grau de consciência e responsabilidade daqueles que estarão a adotar[216].

1.1.2. Idade máxima

Em paralelo, aplica-se ainda um limite etário máximo de acesso às técnicas de PMA. No Brasil, por exemplo, apesar de não existir disciplina legal específica, a procriação assistida encontra algum arrimo na Resolução nº 2.320/2022, de 20 de setembro, do CFM. Nela, estabelece-se um limite máximo de 50 anos para as mulheres que queiram suportar uma gravidez com recurso à PMA, admitindo-se exceções a esse limite, a ser decidida pelo médico responsável, desde que fundamentada em critérios técnicos e científicos e se tenha prestado o devido esclarecimento aos envolvidos acerca dos riscos existentes[217]. Na Bélgica, também nos defrontamos com alguns limites impostos à atuação da mulher, para quem a recolha de gametas poderá ocorrer até os 45 anos de idade e a implantação de embriões ou a inseminação poderá ocorrer até os

[214] JARDIM, Mónica, A Adopção, In: Guilherme de Oliveira (coord.), *Volume Comemorativo dos 10 Anos do Curso de Pós-graduação "Protecção de menores – Prof. Doutor F. M. Pereira Coelho"*, Coimbra Editora, Coimbra, 2008, p. 297-314, p. 300. Também sobre essa mudança de interesse na adoção, cfr. COELHO, Francisco Pereira e OLIVEIRA, Guilherme de, *Curso de Direito da Família*, vol. 2, tomo 1, ed. com colaboração de Rui Moura Ramos, Coimbra Editora, Coimbra, 2006, pp. 262 e ss.

[215] JARDIM, Mónica, A Adopção..., p. 300.

[216] Não à toa que a generalidade dos ordenamentos jurídicos "exigem que sejam feitos estudos e relatórios sobre a personalidade e a saúde do adoptante, bem como as razões que o conduziram a formalizar a sua candidatura, a sua capacidade para criar e educar, a sua idoneidade e a correspondente situação familiar, profissional e económica" (JARDIM, Mónica, A Adopção..., p. 302).

[217] Item I, n.os 3.1 e 3.2, da Resolução nº 2.320/2022, de 20 de setembro, do CFM.

47 anos de idade[218]. Do mesmo modo sucede na Noruega, em que a mulher não poderá ter mais de 46 anos quando da inseminação ou inserção dos óvulos fertilizados[219].

Em Portugal, por sua vez, a LPMA não estabeleceu um limite máximo de idade para homens ou mulheres – o que, a propósito, já foi objeto de análise pela Corte Constitucional no ac. n.º 101/2009, tendo sido considerado que "a ausência de indicação de um limite máximo de idade para sujeição às técnicas de PMA não ofende qualquer dos valores constitucionalmente tutelados"[220] –, deixando, assim, a matéria para o contexto da atuação médica[221]. Apesar disso, os tratamentos reprodutivos que acontecem no âmbito do Serviço Nacional de Saúde, encontram uma limitação de idade para as mulheres. Antes, o limite que era de 42 anos para as técnicas de 1.ª linha (indução da ovulação e inseminação intra-uterina) e 40 anos, para as técnicas de 2.ª (fertilização *in vitro* e injeção intracitoplasmática de espermatozoide), passa agora, com o recente alargamento promovido pela ACSS e a DGS, através da Circular Normativa Conjunta[222], de 08 de março de 2022, a se permitir o acesso para as mulheres com doença grave, nas situações em que não ultrapassem a idade de 50 anos e desde que já exista material genético criopreservado. Em sentido muito similar, apesar de não encontramos na lei austríaca de procriação medicamente assistida qualquer referência quanto a um limite máximo[223], quando se tratar de fertilização *in vitro* com financiamento público, estabelece-se que no momento do início do processo a mulher que queira dar à luz a uma

218 Art. 4.º, n.os 1 e 2, da *Loi du 6 juillet 2007 relative à la procréation médicalement assistée et à la destination des embryons surnuméraires et des gamètes.*

219 § 2-3ª, da *Lov om humanmedisinsk bruk av bioteknologi m.m. (bioteknologiloven).*

220 Ac. n.º 101 do Tribunal Constitucional, de 01 de abr. de 2009, Conselheiro relator Carlos Fernandes Cadilha.

221 REIS, Rafael Vale e, *Procriação medicamente assistida...*, p. 86. O autor destaca ainda que a matéria não esteve totalmente fora dos trabalhos preparatórios da versão originária da LPMA: "O projecto PSD previa que os beneficiários de técnicas de procriação medicamente deveriam ter entre 18 e 45 anos, no caso da mulher, e 55 anos, no caso do homem, e do Projecto PS, constava, em matéria de dádiva de embriões, uma limitação da idade dos beneficiários (45 anos para a mulher e 55 anos para o homem)" (*ibidem*, p. 86, nota 86).

222 Cfr. Circular Normativa Conjunta 4/ACSS/DGS, março de 2022.

223 *Fortpflanzungsmedizingesetz – FmedG.*

criança tenha 40 anos de idade e o homem ou o(a) parceiro(a) registrado(a) da mulher não tenha chegado aos 50 anos de idade[224].

Em outros ordenamentos jurídicos, percebemos a existência de limites implícitos. Na Itália, por exemplo, define-se que os candidatos devam ter "*età potenzialmente fertile*"[225]. Na Espanha, estabelece-se que as técnicas de PMA só terão lugar se existir "*posibilidades razonables de éxito*" e se "*no supongan riesgo grave para la salud, física o psíquica, de la mujer*"[226]. Na Suíça, para que uma relação filial possa ser estabelecida nos termos da lei sobre procriação assistida, deverá o casal comprovar sua capacidade de criar a criança até a sua maioridade[227]. Já na Islândia, um processo de IIU somente poderá ser realizado se a mulher, que está em idade fértil normal, possuir capacidade física e saúde adequada para lidar com os tratamentos terapêuticos, a gravidez e o nascimento da criança[228]. Logo, ainda que não fixem um limite exato, parecem sugerir, mesmo que de forma indireta, a exclusão de pessoas mais velhas[229].

[224] §4(4)1, da *Gesamte Rechtsvorschrift für IVF-Fonds-Gesetz, Fassung vom 10.05.2022.*

[225] Art. 5.º, n.º 1, da *Legge 19 febbraio 2004 n.º 40.*

[226] Art. 3.º, n.º 1, da *Ley 14/2006, de 26 de mayo.*

[227] Art. 3.º/2/b, da *Loi fédérale sur la procréation médicalement assistée, du 18 décembre 1998.*

[228] Art. 3.º/c, da *Lög um tæknifrjóvgun og notkun kynfrumna og fósturvísa manna til stofnfrumurannsókna, 1996 nr. 55 29. maí.*

[229] Em Portugal, o Tribunal Constitucional, quando do acórdão n.º 101/2009, já declarou existir um "limite implícito" no próprio regime legal decorrente do art. 4.º, da LPMA. Para a Corte, ao se estabelecer que as técnicas de PMA são um método subsidiário, e não alternativo de procriação (art. 4.º, n.º 1) e que só poderão ser utilizadas quando tenha sido efetuado um prévio diagnóstico de infertilidade (art. 4.º, n.º 2), pressupõem-se o entendimento de que a mulher beneficiária se encontra na idade em que normalmente poderia procriar se não existisse um fator inibitório de natureza clínica. Aplica ainda o mesmo entendimento para a segunda parte do n.º 2 do art. 4.º, porquanto que, nesse caso, seria suposto que a mulher se encontre em idade potencialmente fértil e que o recurso à PMA resulte apenas para tratamento de doença grave ou de risco de transmissão de doença. Nesse condicionalismo, "poderá dizer-se, por conseguinte, que o ordenamento jurídico português, embora não tenha optado por uma formulação verbal expressa no sentido da fixação de um limite etário para os beneficiários das técnicas de PMA, acaba por se aproximar, nesse plano, por efeito do elemento sistemático de interpretação, dos critérios normativos enunciados no direito italiano e no direito francês, na medida em que estabelece condições de admissibilidade restritivas que, à partida, obstam a que as técnicas de procriação medicamente assistida possam ser utilizadas em circunstâncias contrárias à ordem natural das coisas" (ac. n.º 101/2009). Cabe, porém, salientar que a manifestação da Corte Constitucional se deu em um contexto legislativo diferente do atual, pelo que se fazia algum sentido a interpretação proposta, implícita na própria lei, deixou de ser com as alterações incluídas em 2016, quando da Lei n.º 17/2016, de 20 de junho. Agora,

A propósito dessas limitações, parece curioso que, conquanto as técnicas reprodutivas sejam pensadas para contornar as barreiras biológicas, é a própria lei, na tentativa de imitar a natureza, que impõe limites etários para aceder à PMA, o que, para Vera Lúcia Raposo, acaba por frustrar as potencialidades dessas técnicas[230].

Depois, é de se notar que grande parte das limitações impostas dizem respeito às mulheres, o que poderia sugerir um tratamento desigual face aos homens. Todavia, ao contrário do que sucede com as mulheres, que a partir da menopausa (em regra, aos 50 anos) deparam-se com uma infertilidade derivada da idade, os homens poderão conservar sua capacidade reprodutiva até uma idade bastante avançada. Efetivamente, a reprodução feminina depara-se com um "prazo de validade"[231], que tem vindo a suscitar problemas nas sociedades mais atuais, dado à tendência cada vez mais crescente de adiar a maternidade, face a preferência por outras prioridades da vida, como o desejo de continuar os estudos, ambições profissionais ou a necessidade de estabilização financeira[232].

Em parte, pode-se sustentar que esta particular infertilidade é imputável à mulher, por relegar a maternidade para uma idade mais tardia, quando talvez a reprodução sexual não seja mais uma possibilidade. Mas essa ideia, segundo cremos, desconsidera as novas realidades sociais, que vem a exigir cada vez mais um papel ativo da mulher, em especial no mercado de trabalho. Porque são elas a suportarem todo o processo reprodutivo, não nos parece razoável sugerir, por exemplo, que as mulheres, enquanto figuras culturalmente condicionadas a assumirem o papel de cuidadoras da prole[233], tenham a obrigação moral de considerar essa escolha como ponto central da sua vida, como própria razão de sua existência. Decisões por uma maternidade para um momento

estabelece-se que "as técnicas de PMA podem ainda ser utilizadas por todas as mulheres independentemente do diagnóstico de infertilidade" (art. 4.º, n.º 3, da LPMA), o que torna aquela lógica um pouco sem sentido.

230 RAPOSO, Vera Lúcia, "Dá-me licença que tenha filhos?"..., p. 7.

231 Em referência a expressão utilizada por RAPOSO, Vera Lúcia, "Dá-me licença que tenha filhos?"..., p. 7.

232 Fatores que, inclusive, são estudados em CUNHA, Vanessa, A fecundidade das famílias, In: Karin Wall (org.), *Famílias em Portugal*, Imprensa de Ciêncais Sociais, Lisboa, 2005, p. 395-464, pp. 395 e ss.

233 Para tanto, cfr. nota 86. Para uma percepção em termos históricos, cfr. nota 87.

tardio da vida são adequações às próprias limitações exteriores que lhes são impostas. Nesse aspecto, não deve o legislador limitar suas escolhas ou até mesmo penalizá-las, mas sim protegê-las. Em boa verdade, parece-nos que aos olhos da sociedade, é mais fácil culpar a mulher individual do que entender o contexto político e econômico no qual ela deve agir[234].

Mas se a PMA, de fato, demonstra ser um meio elegível para superar esses obstáculos impostos pela própria natureza, o que justificaria a imposição desses limites máximos de idade?

Pode-se dizer que essas limitações têm em conta os riscos de uma gravidez tardia para a saúde materna. Esse argumento, contudo, soa-nos um bocado paternalista, porque estaríamos a "proteger" a mulher de suas próprias decisões. Sabe-se que uma gravidez em idade avançada é acompanhada de possíveis complicações, como diabetes gestacional e hipertensão gestacional. A prática médica, nesse contexto, poderá desaconselhar. Contudo, sob pena de violarmos o direito à autodeterminação pessoal e a liberdade da mulher, caberá a ela decidir receber determinado tratamento médico, ainda que resulte em riscos para sua saúde[235].

Outro argumento pode residir na fiabilidade destas técnicas quando praticadas em mulheres de idade mais avançada, isso porque há uma maior taxa de insucesso nos tratamentos de fertilidade a medida em que a idade avança (*v.g.*, aumentam a probabilidade de gestações múltiplas e consequentes reduções embrionárias; aumentam também os riscos de abortamentos e de mortalidade pós-natal[236]). Esse parece ser um ponto a se considerar, mas só poderá ter algum sentido nos tratamentos reprodutivos que aconteçam no âmbito do Serviço Nacional de Saúde, porque será o Estado a custear aquele processo. Opera-se uma análise de custo-benefício, dado que os recursos do SNS são escassos e, portanto, devem basear-se numa análise de probabilidade razoável de sucesso[237] (o que passa a permitir que o maior número de casais inférteis

[234] ROTHMAN, Barbara Katz, Infertility as Disability, In: Tom L. Beauchamp e LeRoy Walters (edts.), *Contemporary Issues in Bioethics*, Wadsworth Publishing Company, Belmont, 1999, p. 631.

[235] RAPOSO, Vera Lúcia, *Direito à Imortalidade...*, p. 704 (também da mesma autora, "Dá-me licença que tenha filhos?"..., p. 9).

[236] RAPOSO, Vera Lúcia, *Direito à Imortalidade...*, p. 704.

[237] RAPOSO, Vera Lúcia, "Dá-me licença que tenha filhos?"..., p. 16.

sejam tratados[238]). Ainda, tendo em consideração que a taxa de insucesso se relaciona em grande medida com o envelhecimento do óvulo, o recurso à doação de gametas de outra mulher mais nova ou até mesmo o uso do óvulo da própria mulher que foi criopreservado quando ainda era jovem, poderá afigurar como uma solução viável[239].

Uma outra hipótese diz respeito aos riscos de anomalias fetais cromossômicas, isto porque à medida que a idade da mulher avança, aumenta-se os riscos de doenças genéticas, as aneuploidias (*v.g.*, síndrome de Down e síndrome de Turner[240]). Estima-se, por exemplo, que aos 30 anos, 1 mulher em cada grupo de 385, terá um bebê com alguma aneuploidia; aos 35 anos, essa ocorrência é de 1 a cada 190; aos 40, essa chance será de 1 a cada 65[241]. Porém, em tempos de pesquisas genéticas e da possibilidade de se utilizar de diagnóstico genético pré-implantação[242], o que já se permite em

[238] Como já considerou a *European Society of Human Reproduction and Embryology* (ESHRE), ao manifestar-se de forma favorável a essas restrições (PENNINGS, G., WERT, G. de *et alli*, "ESHRE Task Force on Ethics and Law 14: Equity of access to assisted reproductive technology", *Human Reproduction*, vol. 23, n.º 4, 2008, p. 772-774). Também nesse sentido, cfr. REIS, Rafael Vale e, *Procriação medicamente assistida...*, p. 91.

[239] RAPOSO, Vera Lúcia, "Dá-me licença que tenha filhos?"..., p. 9.

[240] MARCOVITCH, Harvey, *Black's Medical Dictionary...*, p. 35.

[241] RAMALHO, Bruno, A idade da mulher e o risco de doenças genéticas para o bebê, *Reprodução Humana*, junho de 2020, n.p.

[242] O diagnóstico genético pré-implantacional, ou simplesmente, DGPI, constitui método de diagnóstico pré-natal (DPN), utilizado no âmbito das técnicas de PMA. Tradicionalmente, os exames genéticos pré-natais destinam-se a detectar anomalias morfológicas, genéticas ou cromossómicas *in utero*, isto é, quando a mulher já está grávida. Uma vez detectado um resultado insatisfatório num DPN, teríamos como desfecho uma interrupção voluntária da gravidez. A DGPI, por sua vez, apesar de utilizar os mesmos testes genéticos, atua significativamente mais cedo, antes mesmo que o embrião seja implantado no útero da mulher (diferenciação que se extraí da Regulating Preimplantation Genetic Diagnosis: The Pathologization Problem, *Harvard Law Review*, vol. 118, n.º 8, jun. 2005, pp. 2770-2791, p. 2771-2772). Através de uma análise *in vitro* do genoma do novo ser, previne-se a transferência de embriões que padeçam de anomalias, garantindo, de certa forma, uma maior segurança quanto ao bom desenvolvimento da gravidez, evitando-se, com isso, futuras interrupções voluntárias da gravidez ou abortos espontâneos causados pela inviabilidade do embrião ou feto (RAPOSO, Vera Lúcia, Pode trazer-me o menu, por favor? Quero escolher o meu embrião: os múltiplos casos de selecção de embriões em sede de diagnóstico genético pré-implantação, *Lex Medicinae*, Coimbra, ano 4, n.º 8, 2007, p. 59-84, p. 60). Em termos médico-científicos, o "embrião é analisado após 3 dias de desenvolvimento, quando é composto por 6 a 10 células – os blastômeros – e ainda não ultrapassou as dimensões do zigoto original. São-lhe retirados 1 ou 2 destes blastômeros

Portugal[243] e em outros países[244], esse argumento revela-se bastante frágil. Apesar desse diagnóstico ainda não funcionar como garantia segura de um

mediante uma operação designada de biópsia embrionária, para que o respectivo ADN possa ser isolado e analisado mediante técnicas de genética molecular e realizados testes genéticos e cromossómicos. É feita uma incisão na zona pelúcia, por meios químicos ou a laser, e inserida uma pipeta que vai remover os blastômeros, os quais serão objecto de uma biópsia de modo a averiguar as características do embrião, por via da análise directa do ADN; operada mediante sonsagens moleculares e por PCR (reação em cadeia de polimerase). Não obstante esta operação provocar a destruição dos concretos blastômeros testados, não prejudica o desenvolvimento do embrião, pois cada um dos blastômeros conserva a totipotencialidade que lhes permite dar origem a um novo ser. De facto, uma vez que falamos de zigotos humanos compostos por minúsculos aglomerados celulares, as suas células são ainda totipotentes, podendo desenvolver-se para qualquer tecido celular, de modo que a extracção de 1 ou 2 destas células em nada afecta o seu desensolvimento. Os embriões considerados sãos serão depois transferidos para o útero, dado que a sua constituição não foi afectada" (RAPOSO, Vera Lúcia, *Direito à Imortalidade...*, p. 918-919).

243 Art. 28.º, da Lei n.º 32/2006, de 26 de julho. A seleção do sexo está desde logo proibida pelo art. 7.º, n.º 2 da aludida lei. Ainda no regime português, autoriza-se o uso do chamado "bebê remédio", que carece de prévia autorização do CNPMA (art. 30.º, n.º 2, al. "q"). A esse respeito, tem-se notícias de que em 2015 o Conselho Nacional de Procriação Medicamente Assistida, autorizou o primeiro "bebê remédio" em Portugal (Autorizado primeiro "bebé-medicamento" em Portugal, *Público,* abril de 2015).

244 Na Espanha, o art. 12.º, da *Ley 14/2006, de 26 de mayo*, limita o uso do DGPI a algumas hipóteses médicas, que devem ser comunicadas à autoridade sanitária competente, que posteriormente informará a *Comisión Nacional de Reproducción Humana Asistida.* Proibe-se seu uso quando se destina a evitar ou a escolher determinadas características não genéticas. Na França, a *Loi nº 2011 –814* estipula que o DGPI somente será utilizado em casos de doença grave e incurável. Além disso, o uso do dito diagnóstico é supervisionado pela *Agence de la Biomédecine*, criada pela *Loi nº 2004 –800.* A título de curiosidade, a Agência autorizou em 2013, o uso do chamado "bebê remédio", para selecionar irmãos que podem servir como doadores de tecido, em um ensaio, caso- caso a caso (BAYEFSKY, Michelle, Comparative preimplantation genetic diagnosis policyin Europe and the USA and its implications for reproductive tourism, *Reproductive BioMedicine and Society*, vol. 3, n.º 3, dez. 2016, p. 41-47, p. 43, disponível em: https://www.sciencedirect.com/science/article/pii/S2405661817300047?via%3Dihub, acesso em: 27/05/2022). No Reino Unido, a lei não se pronuncia sobre a matéria, relegando sua utilização as boas práticas médicas. Apesar disso, o *Human Fertilization and Embriology Authority* explicou que o uso do DGPI deverá respeitar os seguintes requisitos: i) restringir-se a casos de "*substantial risk*" e "*serious handicap*"; ii) todas as outras possibilidades de tratamento se revelem ineficazes; iii) não se procedam modificações genéticas do embrião (RAPOSO, Vera Lúcia. Pode trazer-me o menu, por favor?..., pp. 62-63). Na Bélgica, não há lei sobre o assunto, mas sua possibilidade de uso deriva implicitamente da *Loi relative à la recherche sur les embryons in vitro,* de 2003. A Itália, sempre citada como um país proibitivo ao uso do diagnóstico genético pré-implantação, passou a admitir a prática após decisão da *Corte Constituzionale*, na

bebê saudável, porque atualmente apenas permite identificar um número restrito de doenças[245], ainda assim revela-se de grande valia, posto que já permite detectar várias aneuploidias (como a síndrome de Down, a síndrome de Patau, a síndrome de Edward, a síndrome de Klinefelter e a síndrome de Turner), doenças ligadas a um único gene (como a fibrose cística, a doença de Huntington, as distrofias musculares e a atrofia espinhal) e outras doenças relacionadas com anomalias cromossómicas familiares (como a hemofilia, a distrofia de Duchenne, a síndrome de Lesch-Nyhan e a doença de Tay-Sachs)[246].

Sentenza 151/2009, que reconheceu a inconstitucionalidade dos dispositivos legais (n.º 1 e 2 do art. 14.º, da *Legge 19 febbraio 2004 n.º 40*) e permitiu o procedimento. O que resta da *Legge 19 febbraio 2004 n.º 40*, são as proibições a práticas de seleções eugênicas e de engenharia genética (BAYEFSKY, Michelle, Comparative preimplantation genetic diagnosis policyin Europe and the USA and its implications for reproductive tourism..., p. 42). Mais recentemente, a *Corte Constituzionale*, na *Sentenza* 96/2015, estendeu o uso do DGPI aos casais férteis portadores de doenças genéticas transmissíveis, atendendo aos critérios de gravidade que permitem o acesso ao aborto terapêutico. Em termos similares a Itália, a antiga lei suíça não permitia o uso do DGPI. Somente em junho de 2015, após voto popular, que o uso do diagnóstico genético pré-implantação passou a ser permitido (BAYEFSKY, Michelle, Comparative preimplantation genetic diagnosis policyin Europe and the USA and its implications for reproductive tourism..., p. 42). Na Alemanha, a prática não gozava de proibição expressa na *ESchG*. Na verdade, a proibição podia ser extraído de uma análise mais ampla do regime jurídico alemão, fortemente protetor do embrião, amparado juridicamente desde a fertilização (cfr. § 1 Abs. 1 Satz 1 e o § 1 Abs. 1 Satz 5). Apesar disso, o Tribunal Federal Alemão (*Bundesgerichtshof*, 5 StR 386/09, *wegen Verstoßes gegen das Embryonenschutzgesetz*), em 2010, permitiu o exame genético em embriões pré-implantandos para certos casos, o que foi reforçado posteriormente pelo Parlamento Alemão (*Bundestag*), como destacado por MALUF, Adriana Dabus, *Curso de Bioética e Biodireito*..., p. 203). Nos EUA, não há leis federais ou estaduais sobre o uso da DGPI, e assim como no Reino Unido, relega-se para as boas práticas médicas (BAYEFSKY, Michelle, Comparative preimplantation genetic diagnosis policyin Europe and the USA and its implications for reproductive tourism..., p. 43). Em matéria jurisprudencial, uma lei do Estado de Illinois, que proibia o uso do DGPI, foi considerada inconstitucional em *Lifchez v. Hartigan*, 735 F. Supp. 1361 (N.D. Ill. 1990), numa ideia de privacidade reprodutiva. No Brasil, na ausência de texto legal sobre o tema, o uso do DGPI é previsto atualmente no item VI, da Resolução nº 2.320/2022, do CFM.

[245] RAPOSO, Vera Lúcia, Pode trazer-me o menu, por favor?..., p. 64, adiciona a esse fato que a DGPI possui uma margem de erro de 1 a 5%, sendo recomendado, após a transferência do embrião para o útero materno, a confirmação do resultado por DPN, destinado a confirmar se os embriões implantados são efetivamente saudáveis.

[246] Como explicam RAPOSO, Vera Lúcia, *Direito à Imortalidade*..., p. 917 e MALUF, Adriana Dabus, *Curso de Bioética e Biodireito*..., p. 202.

É possível também suscitar os prejuízos que advêm para o futuro filho pelo fato de os pais já terem idade avançada e não gozarem de energia suficiente para acompanhá-lo devidamente, e, provavelmente, morrerão numa fase em que o filho ainda será novo e precisará deles. E certamente que não podemos desconsiderar a relevância desse argumento, porque ainda que as técnicas de PMA surjam, em primeira linha, para satisfazer os desejos reprodutivos daqueles que a elas recorrem, seu juízo nunca poderá ser afastado dos interesses da criança que virá a nascer. Não obstante a LPMA não fazer qualquer referência expressa a esse preceito – ao contrário do que ocorre na Suíça, onde se lê que "*la procréation médicalement assistée est subordonnée au bien de l'enfant*"[247] –, malgrado afirmar genericamente que "as técnicas de PMA (...) devem respeitar a dignidade humana de todas as pessoas envolvidas" (art. 3.º, n.º 1), a CRP exige que se dê proteção aos direitos do nascituro e, portanto, da futura criança. Todas, sem exceção, têm o direito às condições necessárias a um desenvolvimento integral, num ambiente familiar normal (art.69.º, n.º 1 e 2), e, por isso, surge perante os pais o direito e o dever de educação e manutenção dos filhos (art. 36.º, n.º 5), de forma a acompanhá-las nos estágios fundamentais da sua formação. Ou alguém dirá que aquela pessoa que recorre à PMA e já possua 70 ou 80 anos, terá a potencialidade de acompanhar o desenvolvimento daquela criança e, de igual modo, satisfazer suas necessidades básicas, naturais para um crescimento saudável? Obviamente que não.

Contudo, não queremos com isso concordar com algumas limitações que nos parecem excessivas ao exercício desse direito reprodutivo, como sucede na Áustria (40 anos), Luxemburgo (42 anos), Eslovénia (43 anos), Dinamarca (45 anos)[248], Noruega (46 anos)[249] e Bélgica (47 anos)[250]. Em uma sociedade em que as evoluções tecnológicas estão a prolongar cada vez mais a expectativa de vida (veja-se, por exemplo, a média em Portugal, que é estimada em 81,06 anos[251]), afigura-se razoável a imposição de um limite compatível, pelo que,

[247] Art. 3.º/1, da *Loi fédérale sur la procréation médicalement assistée, du 18 décembre 1998.*

[248] RAPOSO, Vera Lúcia, *Direito à Imortalidade...*, p. 702, nota 2121.

[249] § 2-3ª, da *Lov om humanmedisinsk bruk av bioteknologi m.m. (bioteknologiloven).*

[250] Art. 4.º, n.os 1 e 2, da *Loi du 6 juillet 2007 relative à la procréation médicalement assistée et à la destination des embryons surnuméraires et des gamètes.*

[251] Cfr. dados do Instituto Nacional de Estatística (Tábuas de Mortalidade em Portugal 2018-2020, de 24 de setembro de 2021, n.p.).

em analogia com o instituto da adoção (art. 1.979.º, n.º 3, do CC), a imposição de um limite máximo de 50 anos, aplicável para o casal (e não apenas para as mulheres, como usualmente se percebe), parece ter em consideração essa confluência de fatores[252]. Ao menos em teoria, porque a morte nunca poderá ser tratada com uma certeza matemática, garante-se um período razoável de convivência entre os pais e a criança nascida com o recurso a essas técnicas, pelo que será assistida nos estágios iniciais da sua vida, fundamentais para sua educação e formação da sua personalidade.

Aliás, registre-se, adequadamente, algumas considerações quanto a nossa proposta. Numa leitura desatenta, há quem possa dizer que na adoção a idade limite seria de 60 anos (e não os 50 anos que referenciamos). De fato, só poderá adotar quem não tiver mais de 60 anos à data em que a criança lhe tenha sido confiada (art. 1.979, n.º 3, primeira parte), mas não podemos deixar de considerar que a partir dos 50 anos, a diferença de idade entre o adotante e o adotando não poderá ser superior a 50 anos (art. 1.979, n.º 3, segunda parte). Nesse condicionalismo, como na PMA a criança ainda não é nascida, respeita-se aquela diferença, o que, ao fim e ao cabo, leva-nos à fixação do limite proposto. Também pode ser dito que o homem, ao contrário do que sucede com a mulher, poderá conservar sua capacidade reprodutiva até uma idade bastante avançada, pelo que, em termo biológicos, não seria justificado a imposição de um limite similar ao aplicável à mulher[253]. Todavia,

[252] Também a favor da fixação de um limite máximo, cfr. REYNOLDS, Melissa, How old is too old?: The need for federal regulation imposing a maximum age limit on women seeking infertility treatments, *Indiana Health Law Review*, vol. 7, n.º 2, 2010, p. 277-304, p. 277 e ss. Em sentido contrário, manifestam-se RAPOSO, Vera Lúcia, *Direito à Imortalidade...*, p. 705 e REIS, Rafael Vale e, *Procriação medicamente assistida...*, p. 90, ao concluírem pela não imposição de qualquer limite máximo de idade (o segundo, aliás, remete a matéria para a decisão médica e casuística, de acordo com as *leges artis*).

[253] Sobre esse limite etário masculino, o CNPMA, na Deliberação n.º 3-II/2013, emitiu parecer favorável a fixação limite de 60 anos (59 anos e 365 dias – ou 366 se os 60 anos forem completados em ano bissexto). Todavia, poucos meses depois, o próprio CNPMA decidiu por revogar os efeitos da Deliberação n.º 3-II/2013, por via de um Aditamento. Mais recentemente, quando da Deliberação n.º 5/III/2019, decidiu por reapreciar o limite de idade do elemento masculino dos casais elegíveis para a aplicação das técnicas de PMA, oportunidade em que concluiu pela não aplicação de um limite máximo. Releva citar que, nessa Deliberação de 2019, o CNPMA considerou na sua decisão que a existência dessa limitação poderia conduzir a situações discriminatórias injustas: "Por exemplo, uma mulher infértil casada ou que viva em condições análogas às dos cônjuges com um homem com idade superior a 60 anos,

nossa proposta não é pensada na capacidade reprodutiva de cada elemento do casal, mas sim na proteção aos direitos do nascituro e, portanto, da futura criança. Esse argumento, inclusive, serve para refutar eventuais críticas de que estaríamos a limitar demasiadamente o potencial dessas tecnologias reprodutivas, o que poderia indicar um paralelismo com as limitações impostas pela natureza. Ainda que a comparação seja eventualmente inevitável, não vale entre nós, em virtude de um "violento" desejo de nos reproduzirmos[254], uma paternidade ou uma maternidade a todo custo, sem ao menos considerar o melhor interesse da criança. A liberdade de procriar está sujeita a limites intrínsecos que correspondem ao fim do direito em que ela se inscreve, fim que não é meramente egoísta nem imediatista: o direito de procriar é concedido para formação de um grupo familiar em que o interesse mais ponderoso é o da criança[255].

Assim, consideramos adequada, neste contexto, a imposição de um limite máximo para fazer uso da PMA no âmbito da Lei n.º 32/2006, de 26 de julho, a qual, segundo cremos, deverá ser de 50 anos.

é impedida, pela aplicação da Deliberação n.º 3/II, de 19 de julho de 2013, do CNPMA, de recorrer às técnicas de PMA, atenta a idade do parceiro, enquanto que uma mulher fértil, que viva em idênticas condições, com um parceiro da mesma idade, pode se reproduzir sem qualquer impedimento jurídico, o que configura uma situação de discriminação negativa, em razão do estado de saúde, da primeira das aludidas mulheres. De igual modo, um homem com idade superior a 60 anos, fértil, casado ou que viva em condições análogas às dos cônjuges, que é impedido, pela aplicação da aludida deliberação, de recorrer a essas técnicas se a sua parceira for infértil, é negativamente discriminado, atenta a sua idade, em relação a outro homem fértil, da mesma idade, cuja parceira seja saudável. De igual modo, uma mulher infértil casada, ou que viva em condições análogas às dos cônjuges, com um homem com mais de 60 anos, vê-se impedida de recorrer às técnicas de PMA, usando gametas desse homem com quem mantém uma relação afetiva estável, enquanto que uma mulher só, casada ou que viva em condições análogas às dos cônjuges com outra mulher pode recorrer às aludidas técnicas, em regra independentemente da idade do seu cônjuge, quando este exista. A primeira mulher pode, pois, ser negativamente discriminada em razão do seu estado civil (de casada) e da sua orientação sexual (heterossexual)".

254 Em referência ao termo usado por MEULDERS-KLEIN, Marie-Therese, Le droit de l'enfant..., p. 663.

255 Apesar de corresponder a uma análise crítica do limites máximos de idade, essa afirmação é retirada de PINHEIRO, Jorge Duarte, *Direito da Família Contemporâneo*..., pp. 67-68, a propósito dos limites intrínsecos e extrínsecos do direito de procriar.

1.2. Critério do estado civil

A segunda restrição comumente aplicada na procriação medicamente assistida é quanto ao estado civil. Na Itália, por exemplo, o acesso às técnicas de PMA só é permitido aos casais de diferentes sexos, casados ou em coabitação[256]. Em Portugal, após alterações inseridas pela Lei n.º 17/2016, de 20 de junho, passou-se a admitir o uso da PMA não apenas por pessoas casadas ou unidas de fato numa relação heterossexual, como também o acesso aos casais de mulheres e mulheres sozinhas[257]. Não muito diferente foi o caminho seguido em França, que após alterações inseridas pela *Loi n° 2021-1017 du 2 août 2021*, permitiu-se que qualquer casal formado por um homem e uma mulher ou duas mulheres ou qualquer mulher solteira terá acesso à procriação medicamente assistida[258]. Já no Brasil, que constitui exemplo menos comum, admite-se o uso das técnicas de reprodução assistida a todas as pessoas capazes[259] (na Resolução anterior, lia-se expressamente que "é permitido o uso das técnicas de RA para heterossexuais, homoafetivos e transgêneros"[260], a qual veio a ser suprimida em 2022), sem que se faça qualquer referência ao estado civil.

Em primeira linha, ainda que se perceba soluções dispares, não deixa de ser curioso notar uma certa uniformidade quanto à aceitação das ditas uniões de

[256] Art. 5.º, n.º 1, da *Legge 19 febbraio 2004 n.º 40.*

[257] Art. 6.º, n.º 1, da LPMA, com redação dada pela Lei n.º 17/2016, de 20 de junho. Quanto ao acesso às técnicas de PMA por mulheres sozinhas, colocou-se em questão a admissibilidade constitucional da dispensa da averiguação oficiosa da paternidade (com a solução dada pelo art. 20.º, n.º 3, da LPMA). Sobre a matéria, o Tribunal Constitucional considerou ser "inteiramente desprovida de sentido a averiguação oficiosa da paternidade, uma vez que, ainda que pudesse ser conhecida a identidade do dador, este não poderia ser tido como progenitor da criança nascida". Para a Corte, "o legislador limitou-se a estabelecer uma exceção à regra da averiguação oficiosa da paternidade, evitando os transtornos para a mãe e a criança daí necessariamente decorrentes, bem como a mobilização de meios públicos para um processo sem qualquer propósito. Dada a especificidade desta situação – evidentemente distinta da dos filhos de «mães solteiras» que não recorreram a técnicas de PMA e que terão sempre, portanto, um pai biológico e jurídico, cuja identidade é determinável – não se vê como possam ter sido violados os princípios constitucionais invocados" (ac. n.º 225 do Tribunal Constitucional, de 07 de maio de 2018, Conselheiro relator Pedro Machete).

[258] Art. L2141-2, do *Code de la Santé Publique.*

[259] Item II, n.º 1, da Resolução nº 2.320/2022, de 20 de setembro, do CFM.

[260] Item II, n.º 2 da Resolução nº 2.294/21, de 27 de maio, do CFM.

fato, que há muito era vista como uma "relação parafamiliar"[261]. Obviamente que a união de fato não se confunde com o casamento, porque distingue-se desse no plano da constituição, dos efeitos e da extinção[262]. A rigidez da família tradicional ligada pelo matrimônio foge à sua essência, sobretudo porque se inicia e termina com a mera vontade de uma das partes, sem que se exija uma intervenção estatal ou um especial formalismo[263]. Ainda que se compartilhe criticamente de uma percepção mais próxima da figura da união de fato com o casamento, por se tratar de institutos "tão similares na sua expressão e significado intersubjetivo e social"[264], não podemos deixar de considerar que assim não o é perante o direito português[265], o que, curiosamente (e bem), não impediu que as uniões de fato se beneficiassem do recurso às técnicas de PMA. É, no mínimo, estranho percepções que reconduzam o acesso à procriação assistida no exclusivo contexto da "*marital intimacy*"[266], porque deixam de considerar que estamos a tratar, *mutatis mutandis*, de uma similar e acordada convivência plena de vida, com a mesmíssima intersubjetividade e interrelacionalidade, que merecem, ao menos em termos reprodutivos, uma respeitável tutela jurídica.

Depois, quando se exija a existência de um casamento, Vera Lúcia Raposo questiona se tal requisito impediria casais separados, mas não divorciados. Para a autora, e também por nossa parte, apenas o divórcio termina o

[261] Em referência ao termo utilizado por PINHEIRO, Jorge Duarte, Procriação Medicamente Assistida, In: Jorge Miranda, Luís de Lima Pinheiro e Dário Moura Vicente (coords.), *Estudos em Memória do Professor Doutor António Marques dos Santos*, vol. 1, Almedina, Coimbra, 2005, p. 753-786, p. 774.

[262] PINHEIRO, Jorge Duarte, *Direito da Família Contemporâneo...*, p. 524.

[263] RAPOSO, Vera Lúcia, *Direito à Imortalidade...*, p. 705 e PINHEIRO, Jorge Duarte, *Direito da Família Contemporâneo...*, p. 524.

[264] Essa, inclusive, parece ser a posição de CORTE-REAL, Carlos Pamplona e PEREIRA, José Silva, *Direito da Família..*, pp. 151-153, ao reconhecerem uma analogia estrutural entre a união de fato e o casamento.

[265] Para um estudo mais apurado sobre a união de fato no direito português, cfr. PINHEIRO, Jorge Duarte, *Direito da Família Contemporâneo...*, pp. 523 e ss.

[266] Ideia que se vê em MASSIE, Ann MacLean, Regulating Choice: A Constitutional Law Response to Professor
John A. Robertson's Children of Choice, *Washington and Lee Law Review*, vol. 52, n.º 1, 1995, p. 135-171, p. 162, ao restringir o acesso à essas técnicas no contexto da intimidade conjugal.

casamento[267], pelo que as pessoas separadas continuam a preencher a exigem legal de um casamento, razão pela qual permitirá os membros do casal (agora separados) acederem às técnicas de PMA[268]. Ainda assim, será curiosa sua aplicabilidade prática, na medida em que o recurso a essas técnicas não dispensa o consentimento de ambos os membros do casal (art. 14.º, n.º 1, da LPMA), que não compartilham mais, ao menos em teoria, um projeto de vida em comum. E mesmo que o consentimento tenha sido prestado antes da separação, será ele livremente revogável por qualquer deles até o início dos processos terapêuticos de PMA (art. 14.º, n.º 4, da LPMA)[269]. Para depois desse momento, isto é, uma vez iniciada a gravidez, a separação ou até mesmo o divórcio não servirá de salvo-conduto para o pai (em se tratando de uma gravidez de sua ex-companheira) ou para o casal (em se tratando de uma gravidez levada a termo por uma gestante de substituição). A par da possibilidade de se interromper voluntariamente a gravidez (art. 142.º, do CP), a alteração conjugal não poderá influenciar na parentalidade daquela criança, que, em boa verdade, nascerá graças as intenções inicialmente declaradas. Em situações como essas, estamos perante uma ideia de responsabilidade reprodutiva e de proibição de *venire contra factum proprium*.

Mas para além dessas considerações preliminares, suscitam-se dúvidas a exclusão do rol de beneficiários na PMA das pessoas sozinhas, ou, após alterações legais, da inclusão direcionada apenas às mulheres, o que, no fim, acaba por excluir os homens sozinhos. Isto é, em termos de justificativa, o que fundamentaria essas restrições legislativas, em especial aquelas direcionadas tão somente aos homens?

Contra o acesso de pessoas singulares à PMA, invoca-se um suposto direito à biparentalidade, o que parece sugerir uma concepção constitucional da família como família biparental (art. 69.º, n.º 2, da CRP). Paulo Otero, por exemplo, considera que a maternidade e a paternidade "são factores de

[267] Em bom rigor, a "extinção do vínculo matrimonial pode assumir duas formas: retroactiva, que corresponde à invalidade do casamento; não retroactiva que se identifica com a dissolução do casamento e abrange, nomeadamente, a dissolução por morte e por divórcio" (PINHEIRO, Jorge Duarte, *Direito da Família Contemporâneo...*, p. 485).

[268] RAPOSO, Vera Lúcia, "Dá-me licença que tenha filhos?"..., p. 10.

[269] Quanto ao marco temporal da desistencia, adotamos o recorte disposto no Modelo de Consentimento Informado disponibilizado pelo CNPMA, pelo que a linha de fronteira para o abandono será o momento da transferência uterina.

efetivação do direito ao desenvolvimento integral da personalidade e instrumentos garantísticos do próprio valor da família como 'elemento natural e fundamental da sociedade', encontrando-se o Estado vinculado a assegura um 'ambiente familiar normal'"[270]. Daí que se afirma que "ninguém pode de forma intencional consentir ou participar num processo de procriação artificial que vise criar uma vida humana privada de família ou de uma estrutura biparental de filiação", sendo que "(1) Cada novo ser tem o 'direito a uma filiação normal, o direito a um pai e uma mãe', enquanto expressão de um verdadeiro direito a um 'ambiente familiar normal'; (2) Pode falar-se, por conseguinte, na existência de um 'direito à biparentalidade biológica'"[271]. Não muito distante, José de Oliveira Ascensão chega a afirmar a existência de um "direito a uma filiação normal", o que incluiria um pai e uma mãe[272]. Em outra oportunidade, diz-nos que um "direito de todo o novo ente a um meio familiar normal" pressupõe a existência de um casal no destino do novo ser, o que afastaria, por exemplo, a mulher solteira ou o par homossexual[273]. Francisco Aguilar, por sua vez, ao analisar o elemento biológico como critério regulador da filiação natural, encontra igualmente um conceito constitucional da família, o qual o legislador infra-constitucional não poderá manipular[274].

É difícil de acompanhar as afirmações referidas, que a Constituição não diz. O conceito de "ambiente familiar normal" (art. 69.º, n.º 2, da CRP), que tem vindo a sustentar esses desenvolvimentos, só poderá ter algum sentido se lido enquanto um direito de a criança ser cuidada e educada por alguém. Na verdade, as normas que impõem aos pais um dever de cuidarem dos filhos, referem-se a um dever que cabe aos pais legais, sejam eles quem forem, sem que exista qualquer imposição de serem dois pais legais, muito menos que sejam de sexos diferentes[275]. A propósito dessa interpretação, Gomes Canotilho e Vital Moreira escrevem: "Particularmente equívoca é a densificação do

[270] OTERO, Paulo, *Personalidade e identidade pessoal e genética do ser humano...*, p. 75.

[271] OTERO, Paulo, *Personalidade e identidade pessoal...*, pp. 75-76.

[272] ASCENSÃO, José de Oliveira, Direito e Bioética..., p. 27.

[273] ASCENSÃO, José de Oliveira, Procriação Assistida e Direito..., p. 648.

[274] AGUILAR, Francisco, O Princípio da Dignidade da Pessoa Humana e a Determinação da Filiação em Sede de Procriação Medicamente Assistida..., pp. 662-664.

[275] RAPOSO, Vera Lúcia, "Dá-me licença que tenha filhos?"..., pp. 10-11. Em sentido similar, GOMEZ SANCHEZ, Yolanda, *El Derecho a la Reproducción humana...*, p. 129 tem "*defendido em trabajos anteriores la constitucionalidad de distintos modelos familiares, entre los que se encuentran*

conceito de «ambiente familiar normal», em que a «anomalia» deve ser vista na perspectiva das faltas de condições para o cuidado e o desenvolvimento da criança (situações de toxicodependência e de alcoolismo, de prisão dos pais, etc.) e não na perspectiva de um modelo normativo de família, nomeadamente a família baseada no casamento"[276].

Também será difícil de acompanhar aquelas afirmações, tendo em conta um sistema constitucional que garanta a igualdade (art. 13.º, da CRP), que, aliás, constitui corolário da dignidade humana (art. 1.º, da CRP). É sabido que a proibição de discriminação (n.º 2 do art. 13.º), não exige uma igualdade absoluta, nem proíbe diferenciações de tratamentos. O que se exige é que as medidas de diferenciação sejam materialmente fundadas em critérios legítimos, como: diferenciações que se baseiem numa distinção objetiva de situações; diferenciações que não se fundamentam nos motivos indicados no n.º 2 do art. 13.º; diferenciações que tenham um fim legítimo segundo a Constituição; ou diferenciações que se revelem adequadas e proporcionais para satisfação do seu objetivo[277]. Com efeito, não vemos em que medida a monoparentalidade poderá justificar um critério materialmente válido de diferenciação que nos permita concluir daquela forma[278]. Não há, por exemplo, nenhum estudo que

todos aquellos formados por un adulto y su descendência, cualquiera que sea la circunstancia que motivo su generación".

276 CANOTILHO, J.J. Gomes e MOREIRA, Vital, *A Constituição da República Portuguesa Anotada*, vol. 1..., p. 871. Também sobre o assunto, cfr. as anotações de MIRANDA, Jorge e MEDEIROS, Rui, *Constituição Portuguesa anotada*, tomo 1..., pp. 707-709.

277 CANOTILHO, J.J. Gomes e MOREIRA, Vital, *A Constituição da República Portuguesa Anotada*, vol. 1..., p. 340.

278 Contra, MOREIRA, Sónia, Igualdade de género e parentalidade, In: Patrícia Jerónimo (coord.), *Igualdade de género: velhos e novos desafios*, DH-CII/JUSGOV/EDUM, Braga, 2019, p. 119-138, p. 133, manifesta-se de forma contrária ao acesso à PMA por mulheres solteiras, "em virtude de a criança ficar limitada a conhecer apenas um dos seus progenitores, crescendo sem a sua influência determinante no desenvolvimento da sua personalidade – sendo certo que se aponta a mais valia da existência das duas figuras parentais neste domínio". Não muito distante, LOUREIRO, João Carlos Gonçalves, Filho(s) de um gâmeta menor? Procriação medicamente assistida heteróloga, Lex Medicinae, ano 3, n.º 6, Coimbra Editora, Coimbra, 2006, p. 5-48, pp. 35-36, após afirmar que apenas os casais heterossexuais estariam aptos a assegurar uma "biparentalidade diferenciadora", diz-nos: "As imagens do masculino e do feminino são elementos importantes no processo de construção da identidade pessoal. A existência histórica de situações de crianças educadas apenas por um dos pais e também a das chamadas 'homoparentalidades' incluem-se nas situações de defectividade".

demonstre o contrário, que crianças criadas em famílias monoparentais sejam desprovidas de afeto ou estejam rodeadas de circunstâncias de menos favorabilidade[279]. Em boa verdade, "não é pelo facto de numa família não existir pai ou mãe que esta deixa de ser protegida, nem a circunstância de ser mãe ou pai solteiros diminui a capacidade da pessoa para ser um bom cuidador"[280]. Para nós, vale muito mais saber que a criança será cuidada, terá valor e, muito provavelmente, será amada[281].

E, mais uma vez, será difícil de acompanhar, e respeitando a linha de raciocínio anteriormente desenvolvida, porque são afirmações que reiteradamente a lei desdiz: desdiz ao admitir o divórcio (arts. 1.773.º e ss., do CC); desdiz ao permitir a adoção singular (art. 1.979.º, n.º 2, do CC); desdiz ao permitir o acesso às técnicas de PMA por mulheres sozinhas (art. 6.º, n.º 1, da LPMA); e desdiz ao permitir à mulher viúva o recurso à reprodução *post mortem* (art. 22.º, da LPMA).

Mas ainda assim, se nosso desenvolvimento encontra alguma razão, o que, afinal, justificaria a manutenção das restrições impostas pelo regime português face aos homens sozinhos? Se efetivamente não encontramos argumentos que sustentem essa restrição, por que ainda estamos a falar dela?

Poderíamos, mais uma vez, indicar eventual resistência do legislador às famílias monoparentais, mas como dito, esse não parece ser o caso, já que se admite o divórcio, a adoção singular, o acesso às técnicas de PMA por mulheres sozinhas e o recurso à reprodução *post mortem*. Estaria então o legislador a sugerir que os homens são menos capazes de cuidar de uma criança? É certo que não, porque não lhes é vedado o recurso à adoção. Pode-se pensar também que a lei se terá limitado a respeitar o curso natural das coisas: mulheres podem engravidar, homens não[282]. Mas o problema não seria esse, porque não está em causa subverter a natureza e permitir que homens levem a termo uma gestação[283].

[279] Como nota PEREIRA, Maria Margarida Silva, *Direito da Família*..., p. 787, nota 852.

[280] RAPOSO, Vera Lúcia, "Dá-me licença que tenha filhos?"..., p. 11.

[281] Para um estudo mais detalhado sobre as famílias monoparentais, cfr. DIAS, Maria Berenice, *Manual de Direito das Famílias*, 12.ª ed. rev., ampl. e atual., Revista dos Tribunais, São Paulo, 2017, pp. 307 e ss.

[282] Como sugere MOREIRA, Sónia, Igualdade de género e parentalidade..., p. 133.

[283] Apesar de cientificamente não excluirmos essa possibilidade (cfr. Especialista diz que homens podem engravidar, *El País*, novembro de 2017) e se ter notícias recentes de uma

Segundo cremos, essa restrição encontrou alguma validade num panorama mais amplo, que precisa ter em conta uma construção simples, mas importante: o homem, por ser incapaz biologicamente de gestar uma criança, necessita sempre de uma mulher para suportar a gravidez, o que, como parece claro, nos conduz a gestação de substituição; quando da entrada em vigor da Lei n.º 17/2016, de 20 de junho, que alargava o rol de beneficiários constante na LPMA, para também incluir os casais de mulheres e as mulheres solteiras, ainda valia em Portugal um regime absolutamente proibitivo à gestação de substituição[284]; como parece óbvio, a proibição encontrava uma justificação legítima; todavia, volvido um pouco mais de 2 meses da entrada em vigor da Lei n.º 17/2016, de 20 de junho, alterou-se a orientação inicialmente adotada e permitiu-se o acesso à gestação por outrem, o que veio a ocorrer com a Lei n.º 25/2016, de 22 de agosto[285]; quanto a isto, contudo, nada fez o legislador, porque continuou a não permitir o acesso aos homens sozinhos, mesmo já sendo possível contratar uma gestante de substituição; de todo modo, passados quase 2 anos da entrada em vigor da Lei de Gestação de Substituição, o Tribunal Constitucional, no acórdão n.º 225, de 7 de maio de 2018, declarou a inconstitucionalidade, com força obrigatório geral, das normas dos n.ºs 2, 3, 4, 7, 8, 10, 11 e 12 do art. 8.º, do n.º 5 do art. 14.º e dos n.ºs 1 e 4 do art. 15.º, todos da Lei n.º 32/2006, de 26 de julho[286]; voltou a valer, portanto, um regime proibitivo à gestação de substituição (n.ºs 1 e 3 do art. 8.º, da Lei n.º 32/2006, de 26 de julho, em sua versão original), por efeito do art. 282.º, da CRP; novamente a restrição encontrava seu fundamento; mas como é sabido, esse panorama foi

provável cirurgia (cfr. Médico prepara primeiro transplante de útero para que mulher transgénero possa engravidar, *Correio da Manhã*, maio de 2022).

[284] Dizia-se, na versão original do art. 8.º, da LPMA, que: "1 – São nulos os negócios jurídicos, gratuitos ou onerosos, de maternidade de substituição. 2 – Entende-se por «maternidade de substituição» qualquer situação em que a mulher se disponha a suportar uma gravidez por conta de outrem e a entregar a criança após o parto, renunciando aos poderes e deveres próprios da maternidade. 3 – A mulher que suportar uma gravidez de substituição de outrem é havida, para todos os efeitos legais, como a mãe da criança que vier a nascer". No extremo, atribuía-se a esses acordos uma desinência criminal (art. 39.º).

[285] Com a reforma, dizia-se que "a criança que nascer através do recurso à gestação de substituição é tida como filha dos respetivos beneficiários" (art. 8.º, n.º 7, da LPMA, na redação proposta pela Lei n.º 25/2016, de 22 de agosto).

[286] Ac. n.º 225 do Tribunal Constitucional, de 7 de maio de 2018, Conselheiro relator Pedro Machete.

recentemente alterado com a Lei n.º 90/2021, de 16 de dezembro, que mais uma vez reintroduziu a gestação de substituição em Portugal[287]; de novo a coerência deixou de existir e mais uma vez nada fez o legislador.

O problema levanta-se, portanto, no momento em que o legislador passou a admitir o acesso à gestação de substituição. Em regimes em que não se admite a gestação de substituição, como é o caso do Francês, parece-nos minimamente coerente que não se permita o acesso aos homens. Lá, esses acordos são considerados nulos (art. 16-7, do *Code Civil*), sendo punidos criminalmente (art. 227-12, do *Code Penal*). Em Portugal, como se viu, essa não é a realidade que se impõe, o que torna absolutamente incompreensível o regime legal.

Ora, se é possível que uma mulher solteira, que, por exemplo, não possua útero, recorra a uma terceira mulher (gestante de substituição), para levar a termo aquela gravidez, por que não se pode admitir que o mesmo ocorra com os homens solteiros ou até mesmo os casais de homens? Qual é, agora, a diferença que justificaria essa restrição? Novamente voltaríamos a discutir a capacidade de um homem solteiro ou um casal de homens em cuidar de seus filhos? Seriam, de fato, incapazes de educar e cuidar de uma criança? Então seriam os pais viúvos ou divorciados menos capazes de assumirem o papel de um bom cuidador? Mas se fosse verdade, por que lhes é permitido o acesso à adoção?

Não vale a pena prosseguir. A tentativa por encontrar qualquer justificativa levar-nos-ia a uma tarefa árdua e desinteressante. Porque não há, pelo menos em termos logicamente aceitáveis, qualquer critério materialmente válido de diferenciação que nos permita excluir dos homens sozinhos e dos casais de homens o acesso à PMA. Trata-se de disposição obviamente violentadora dos arts. 1.º, 13.º, n.º 2, 26.º, n.º 1, 36.º, n.º 1 e 67.º, n.º 1, todos da CRP. Para os homens, o uso da gestação de substituição, que ocorrerá com recurso às técnicas de PMA (art. 8.º, n.º 4, da LPMA), é medida particularmente importante, já que têm tal procedimento como única forma possível de terem filhos

[287] Agora, ainda que se estabeleça que "a criança que nascer através do recurso à gestação de substituição é tida como filha dos respetivos beneficiários" (art. 8.º, n.º 9, da LPMA), poderá a gestante de substituição arrepender-se do compromisso inicialmente manifestado, revogando seu consentimento até o registro da criança nascida (n.º 10 do art.º 8, como também o n.º 5 do art. 14.º, ambos da LPMA), o que, nos termos do art. 96.º, n.º 1, do Código de Registro Civil, poderá ocorrer dentro de 20 dias imediatamente após o nascimento.

biologicamente seus (as mulheres, por sua vez, ainda será facultado o recurso à prática sexual ou, quando possível, o uso da IIU com esperma de um doador).

Crê-se, portanto, que devemos rejeitar a exclusão atualmente vigente no âmbito da Lei de Procriação Medicamente Assistida em Portugal. Em homenagem ao princípio da igualdade, como também do direito a procriar por técnicas laboratoriais de reprodução, devemos garantir o acesso às técnicas de PMA também aos homens sozinhos e aos casais de homens (que nesse último será visto com maior acuidade logo mais).

E já em termos de conclusão, não podemos avançar sem antes analisarmos um outro processo que poderá ocorrer no âmbito da PMA, destinado a beneficiar um grupo específico de pessoas sozinhas: a reprodução *post mortem*, que usualmente tem como beneficiárias as mulheres viúvas. Restritos ao nosso plano de análise[288], deve-se admitir que essas mulheres recorram aos gametas do falecido marido ou companheiro, para que tenham filhos após a morte desses indivíduos? De outro lado, não obstante constituir hipótese mais complexa e pouco referenciada, devemos estender essa possibilidade aos homens viúvos, que pretendam ter filhos biológicos usando o material genético da falecida esposa ou companheira?

Antes de mais, entende-se como reprodução *post mortem* a concepção, após a morte do indivíduo, a partir do seu material genético criopreservado, que ocorrerá necessariamente por inseminação *post mortem* ou transferência

[288] Não ignoramos que a reprodução *post mortem* tem vindo a suscitar algumas perplexidades, que certamente são dignas de atenção. Contudo, tendo em consideração de que estamos a tratar de restrições legais impostas às pessoas sozinhas, optamos, conscientemente, por não desenvolver algumas outras questões (em especial, aquelas referentes aos aspectos sucessórios). Dessa forma, para um estudo mais aprofundado sobre a reprodução *post mortem*, cfr. CORTE-REAL, Carlos Pamplona e PEREIRA, José Pereira, *Direito da família...*, pp. 241-242; OLIVEIRA, Guilherme de, *Estabelecimento da Filiação...*, pp. 251-252; PINHEIRO, Jorge Duarte, *Direito da Família Contemporâneo...*, p. 191; RAPOSO, Vera Lúcia, *Direito à Imortalidade...*, pp. 813-834; RAPOSO, Vera Lúcia e DANTAS, Eduardo, Aspectos jurídicos da reprodução *post-mortem*, em perspectiva comparada Brasil-Portugal, *Lex Medicinae*, ano 7, n.º 14, 2010, p. 81-94; MALUF, Adriana Dabus, *Curso de Bioética e Biodireito...*, pp. 214-217; e RIBEIRO, Ana Raquel, Aspectos jurídicos da procriação medicamente assistida *post mortem*, In: *Estudos. Doutoramento & Mestrado*, Instituto Jurídico/FDUC, Coimbra, 2020, disponível em: https://www.uc.pt/site/assets/files/435642/sm_11.pdf, acesso em: 22/05/2022 (em especial os aspectos sucessórios, cfr. CORTE-REAL, Carlos Pamplona, *Curso de Direito das Sucessões*, Quid Juris, Lisboa, 2012, pp. 196-200 e PINHEIRO, Jorge Duarte, *O Direito das sucessões contemporâneo*, Gestlegal, Lisboa, 2022, pp. 226-232).

embrionária *post mortem*. A primeira traduz-se na inseminação intrauterina do sêmen de um homem já falecido, que, em regra, encontra-se criopreservado[289]. É o exemplo visto nos céleres casos *Parpalaix*[290], *Hecht*[291] e *Blood*[292], em que se discutia a utilização de espermatozoides de homens já falecidos, que seriam inseminados posteriormente nas respectivas viúvas. A segunda traduz-se na transferência de embriões formados e criopreservados, que necessariamente serão fertilizados *in vitro*, com a diferença clara de que a transferência ocorrerá após a morte do marido ou companheiro. Dessa vez, foi o que se viu no conhecido caso da "viúva de Toulose"[293].

No cenário jurídico internacional, a prática não encontra completa admissibilidade. Confrontamo-nos, de um lado, com leis que terminantemente a proíbem (*v.g.*, Alemanha[294], França[295] e Itália[296]), ao lado de outras mais permissivas (*v.g.*, Espanha[297], Reino Unido[298] e Brasil[299]). Em Portugal, será admitida tanto a transferência *post mortem* de embrião (art. 22, n.º 1, al. "a", da LPMA), quanto a inseminação com sêmen da pessoa falecida (art. 22, n.º 1, al. "b", da LPMA), hipótese essa que se tornou possível apenas recentemente[300],

[289] Apesar de não se encontrar disposição expressa no art. 22.º, da LPMA, não excluímos, ainda que em termos de científicos, a possibilidade de extração do sêmen do corpo do homem imediatamente após a sua morte. Sobre essa hipótese, cfr. HODSON, Nathan e PARKER, Joshua, The ethical case for non-directed postmortem sperm donation, *Journal of Medical Ethics*, vol. 46, n.º 7, 2020, p. 489-492, disponível em: https://jme.bmj.com/content/46/7/489, acesso em: 22/05/2022 (que vem sendo discutida no Reino Unido: SAMPLE, Ian, Let men in Britain donate sperm after death, say ethicists, *The Guardian*, janeiro de 2020).

[290] Caso relato por GILBERT, Sheri, Fatherhood from the Grave: An Analysis of Postmortem Insemination, *Hofstra Law Review*, vol. 22, n.º 2, 1993, p. 521-565, pp. 558-560.

[291] Também relatado por GILBERT, Sheri, Fatherhood from the Grave..., pp. 560-563.

[292] *R v. Human Fertilisation and Embryology Authority, ex parte Blood* [1997] 2 All ER 687.

[293] Visto em MASSAGER, Nathalie, *Les droits de l'enfant à naitre*, Collection de la Faculté de Droit de l'Université Libre de Bruxelle, Bruylant, Bruxelas, 1997, pp. 702 e ss.

[294] § 1 Abs. 1 Satz 3, da *Gesetz zum Schutz von Embryonen (Embryonenschutzgesetz – ESchG)*.

[295] L2141-2, do *Code de la Santé Publique*.

[296] Art. 5.º, da *Legge 19 febbraio 2004 n.º 40*.

[297] Art. 9.º, da *Ley 14/2006, de 26 de mayo*.

[298] Art 38.º, da *Human Fertilization and Embryology Act 2008*.

[299] Item VIII, da Resolução nº 2.320/2022, de 20 de setembro, do CFM.

[300] Antes, apesar de o art. 22.º, da LPMA (com redação dada pela Lei n.º 32/2006, de 26 de julho) apresentar a epígrafe "inseminação post mortem", permitia-se apenas a transferência de embriões *post-mortem* (antigo art. 22.º, n.º 3). Contudo, ainda que a inseminação fosse proibida (antigo art. 22.º, n.º 1), caso ocorresse ilicitamente, garantia-se o reconhecimento da

dado a alteração incluída pela Lei n.º 72/2021, de 12 de novembro. Nesse desenvolvimento, a reprodução *post mortem* é autorizada às mulheres viúvas, de forma a concretizar projeto parental claramente estabelecido e consentido (art. 22.º, n.º 1); o consentimento se dará por escrito ou registrado em videograma (art. 22.º-A, n.º 1); os procedimentos devem iniciar-se no prazo máximo de três anos contatos da morte do marido ou companheiro (art. 22.º, n.º 5); só poderá ter lugar uma única gravidez da qual resulte um nascimento completo e com vida (art. 22.º, n.º 6); a criança nascida será tida como filho do falecido (art. 23.º n.º 1), ainda que se viole as disposições previstas naquela lei (art. 23.º, n.º 2), salvo se, à data da inseminação, a mulher tiver contraído casamento ou viver há pelo menos dois anos em união de fato com homem que, nos termos do artigo 14.º, da LPMA, dê o seu consentimento a tal ato, caso em que se aplica o disposto no art. 1.839.º, n.º 1, do CC (art. 23.º, n.º 3); a herança do progenitor falecido mantém-se jacente durante o prazo de três anos após a sua morte, o qual é prorrogado até o nascimento completo e com vida do nascituro, caso esteja pendente a realização dos procedimentos (art. 23.º, n.º 5); e nesse último, a herança será posta em administração, nos termos da legislação aplicável. (art. 23.º, n.º 6).

Contra o recurso à reprodução *post mortem*, alguns argumentos têm sido levantados. Primeiramente, diz-se que a morte não constitui uma "impossibilidade patológica de procriar à qual conviria remediar medicamente"[301]. Nesse caso, não existiria indicação terapêutica. Contudo, esse cenário não foge daquele que é visto face às mulheres sozinhas, por exemplo, dado que a ela é permitido o uso das técnicas de PMA, "independentemente do diagnóstico de infertilidade" (art. 4.º, n.º 3, da LPMA). São cenários que eventualmente fogem da finalidade terapêutica originalmente desenha para a PMA, mas que se fundam no campo do simples desejo de procriar[302]. Aliás, registre-se,

filiação da criança nascida (antigo art. 23.º, n.º 1), salvo "se, à data da inseminação, a mulher tiver contraído casamento ou viver há pelo menos dois anos em união de facto com homem que, nos termos do artigo 14.º, dê o seu consentimento a tal acto, caso em que se aplica o disposto no n.º 3 do artigo 1839.º do Código Civil" (antigo art. 23.º, n.º 2).

[301] PEREIRA, André Gonçalo Dias, *Direitos dos pacientes e responsabilidade médica*, dissertação de Doutoramento em Ciências Jurídico-Civilísticas apresentada à Faculdade de Direito da Universidade de Coimbra, Coimbra, 2012, p. 319.

[302] Como também reconhece RIBEIRO, Ana Raquel, Aspectos jurídicos da procriação medicamente assistida *post mortem*..., p. 28.

adequadamente, que as técnicas de procriação medicamente assistidas, ainda que inicialmente pensadas para fazer frente às situações de infertilidade, valerão também para realizar outros propósitos, como o tratamento de doenças graves ou para se prevenir a transmissão de doenças à descendência (art. 4.º, n.º 2, da LPMA).

Também é dito que a reprodução *post mortem* desrespeita os direitos da pessoa falecida, atentando contra sua dignidade[303]. Todavia, essa ideia parece ignorar que a possibilidade de se utilizar material genético *post mortem*, pressupõe, ao menos no regime português, a existência de uma autorização expressa para tanto, que se dará por escrito ou registrado em videograma (art. 22.º-A, n.º 1, da LPMA), não se admitindo um "consentimento presumido"[304]. Significa isto que seu interesse é meramente autotutelavel, se não concordar com a utilização de seu material genético após sua morte, basta não autorizar.

Para além disso, suscita-se, de forma mais vulgar, que o recurso a reprodução *post mortem* estaria a satisfazer interesses puramente econômicos da viúva, dado que esse futuro filho figuraria como herdeiro de seu pai já falecido[305]. Verdadeiramente, não se pode deixar de reconhecer esse possível cenário, em que a criança será fruto do desejo egoístico daquela mãe. Mas essa mesma percepção poderá valer para aquele caso em que um homem ou uma mulher, com interesses puramente econômicos, mantêm relações sexuais desprotegidas com a parceira ou o parceiro do sexo oposto, apenas

303 Argumento apresentado e refutado por RIBEIRO, Ana Raquel, Aspectos jurídicos da procriação medicamente assistida *post mortem*..., p. 28.

304 Como admitido na Espanha (art. 9.º, da *Ley 14/2006, de 26 de mayo*), para hipótese de transferência de embriões *post mortem*. Na jurisprudência brasileira, não obstante o item VIII, da Resolução nº 2.320/2022, do CFM exigir consentimento expresso para utilização de material biológico criopreservado, discutiu-se no Superior Tribunal de Justiça a possibilidade de se retirar um "consentimento presumido" do falecido marido. Apesar de a Corte concluir pela necessária autorização prévia, inequívoca, expressa e formal do falecido para que a viúva se utilize de embrião *post mortem*, fecundado com seu esperma, entendeu o relator do caso, em voto divergente, que seria possível presumir o desejo do cônjuge falecido. Para ele: "A confiança dos embriões ao cônjuge viúvo representa a autorização para continuidade do procedimento, a critério do sobrevivente, sendo inservíveis para outra finalidade que não a implantação para desenvolvimento" (REsp 1.918.421/SP, de 08 de junho de 2021, ministro relator Marco Buzzi).

305 Argumento também apresentado e refutado por RIBEIRO, Ana Raquel, Aspectos jurídicos da procriação medicamente assistida *post mortem*..., p. 29.

na tentativa de obter uma gravidez que financeiramente possa lhes render frutos. Segundo cremos, o argumento de "instrumentalização"[306] da criança é discutível, porque poderá ser invocado para outros projetos parentais, sejam eles movidos para realizações pessoais, para salvar um casamento em ruína, para "prender" ou "chantagear" outra pessoa, para criar um companheiro para o irmão mais velho, para se ter um assistente na velhice ou pelo simples desejo de ter filhos. Aquela percepção até poderá encontrar algum sentido, mas não é exclusiva da reprodução *post mortem*, e sim das relações humanas. Se nos enveredarmos por esse caminho, correremos o risco de controlarmos todas as famílias, verificando se suas motivações são legítimas ou não.

Outro argumento que faz frente ao recurso à reprodução *post mortem* diz respeito a própria criança, que nasceria órfã e nunca conheceria seu pai. Para certa doutrina, estar-se-ia "privando deliberadamente o novo ser de família ou, pelo menos, de uma estrutura ou ambiente familiar normal", mutilando "de forma planeada a qualidade de vida do novo ser e o próprio desenvolvimento integral da sua personalidade em condições potencialmente mais

[306] Que tem vindo a doutrina a suscitar, por exemplo, que o processo de reprodução *post mortem* representa uma "secundarização do interesse da criança relativamente ao interesse dos seus progenitores" (PINHEIRO, Jorge Duarte, *Direito da Família Contemporâneo...*, p. 191) ou que estaríamos a instrumentalizar a "existência de um novo ser humano ao capricho da vontade de um morto" (OTERO, Paulo, *Personalidade e identidade pessoal...*, p. 77). Sobre a ideia de "instrumentalização" da criança, NOVAIS, Jorge Reis, *A Dignidade da Pessoa Humana: Dignidade e Inconstitucionalidade*, vol. 2, Almedina, Coimbra, 2016, pp. 120-121, observa que "Quando um casal programa a conceção de um filho [...] há aí inevitavelmente uma instrumentalização, mas não há violação da dignidade, já que não há uma instrumentalização do novo ser. A conceção do novo ser foi um meio, um instrumento para prosseguir determinado objetivo, podendo dizer-se que há instrumentalização no ato de conceção, no sentido de que a conceção do novo ser e a sua integração na família é decidida em função da visão de felicidade dos membros do casal, mas não há instrumentalização do novo ser enquanto tal, uma vez que este, quando surge no Mundo, terá, potencialmente, uma natureza e uma vida exatamente iguais às de qualquer outro ser humano. No decurso da sua vida normal, essa pessoa pode passar por episódios em que a sua dignidade seja desrespeitada, mas exatamente como se verificará com qualquer outra pessoa e sem qualquer relação intrínseca com a instrumentalização detectada no ato de concepção. E no contexto familiar em que nasce, o novo ser for tratado e amado como qualquer outro filho — e é essa também a intenção e o projeto do casal que projetou o seu nascimento –, o facto de a sua conceção e nascimento terem servido para beneficiar a vida do casal, em nada o afeta. Nesse sentido, não se percebe nesse projeto qualquer violação da dignidade da pessoa humana. Só por si, instrumentalização envolvendo a conceção de novas pessoas ou novos seres não significa a violação da dignidade humana".

perfeitas"[307]. Esse argumento, contudo, soa-nos repetitivo, porque mais uma vez reintroduz um suposto direito à biparentalidade, o que agora parece sugerir a existência de um pai e uma mãe vivos. De nossa parte, recorde-se que o conceito de "ambiente familiar normal" (art. 69.º, n.º 2, da CRP), só poderá ter algum sentido se lido enquanto um direito de a criança ser cuidada e educada por alguém, sendo irrelevante se tratar de um homem e uma mulher, ou se ambos os progenitores se encontrem vivos. É verdade que a Constituição faz referência ao termo "pais" (no plural), ao imputar a eles o dever de prestar assistência aos filhos (art. 36.º, n.º 5, da CRP), o que é repetido no art. 1.878, n.º 1, do CC. Mas o que se impõe é que os pais legais, quando existam, possuem o dever de prover à assistência dos filhos, mas não o dever de existirem ou de estarem vivos quando do nascimento do filho[308]. Ora, se fosse assim, teríamos de esterilizar os moribundos para evitarem a possibilidade de se reproduzirem antes de morrerem[309] ou até mesmo de os pais falecerem, pelo menos nos estágios fundamentais da formação de seus filhos.

Em termos de justificativa jurídica, seria relevante referir o reconhecimento da paternidade dessa criança, bem como seus direitos sucessórios. Contudo, esse é um argumento que não poderá servir para refutar o recurso à PMA *post mortem*, mas antes a necessidade de se conferir uma adequada tutela jurídica a esses concepturos. Em Portugal, por exemplo, essas questões não se colocam, porque efetivamente a criança nascida será tida como filho do falecido (art. 23.º, n.º 1, da LPMA), sendo resguardado o seu direito de herança (art. 23.º, n.º 5). Essa é a única solução que se afigura compatível com o princípio da não discriminação (art. 13.º, n.º 1, da CRP e art. 3.º, n.º 2, da LPMA), sejam eles filho nascidos dentro do casamento ou fora do casamento, ou ainda nascidos durante a vida de seus progenitores ou postumamente.

Por oposição a esses argumentos, somos da opinião crítica de que a reprodução *post mortem* constitui uma prática legítima de se respeitar a vontade do falecido e, de igual modo, realizar um desejo íntimo e pessoal da contraparte sobrevivente, em ter um filho biologicamente ligado àquela pessoa em que nutria afeto e carinho, enquanto manifestação de seu direito fundamental à

307 OTERO, Paulo, *Personalidade e identidade pessoal...*, p. 77.

308 RAPOSO, Vera Lúcia, *Direito à Imortalidade...*, p. 826.

309 RAPOSO, Vera Lúcia, *Direito à Imortalidade...*, p. 827.

reprodução[310]. As justificativas supra referidas, no nosso entender, não servirão de base para afastar o recurso à essa prática.

Um outro ponto que nos parece importante referenciar é quanto a impossibilidade de o elemento masculino do casal recorrer à reprodução *post mortem*, dado a completa ausência de autorização legal nesse sentido. Talvez fosse certo que a lei teria optado por não permitir o recurso à PMA *post mortem* em caso de morte da mulher, porque implicaria quase sempre no recurso à gestação de substituição, o que, como vimos, era proibida em Portugal. Contudo, num cenário em que os acordos gestacionais retornaram a um regime permissivo (com o advento da Lei n.º 90/2021, de 16 de dezembro), parece-nos que não existem motivos legítimos que justifiquem restringir o acesso à reprodução *post mortem* apenas para os casos de morte do marido ou companheiro da viúva[311]. Em termos práticos, nada inviabilizaria sua utilização quando tenha sido a mulher a falecer, porque se permite a transferência *post mortem* de embrião (art. 22, n.º 1, al. "a", da LPMA) e a gestação de substituição (art. 8.º, da LPMA).

Aliás, não será exagero que se sustente que esse embrião seja transferido para a atual esposa ou companheira daquele homem, hipótese em que será considerada mãe daquela criança, ainda que na ausência de ligação genética. Essa é a lógica que se retira, *mutatis mutandis*, da regra contida no art. 23.º, n.º 3, da LPMA, caso em que a maternidade resultará do fato do nascimento e se estabelecerá por declaração de maternidade (art. 1.796.º, n.º 1 c/c arts. 1.803.º e ss., todos do CC).

1.3. Critério da orientação sexual

A terceira restrição frequentemente aplicada à PMA é quanto a orientação sexual, e tal como o anterior, prende-se ao conceito tradicional de família,

310 Em sentido muito similar, cfr. RAPOSO, Vera Lúcia, *Direito à Imortalidade...*, p. 832 e RIBEIRO, Ana Raquel, Aspectos jurídicos da procriação medicamente assistida *post mortem...*, p. 31.

311 Solução que também apresentamos em BONE, Leonardo Castro de, *A gestação de substituição: do acordo de vontades à solução dos problemas jurídicos que suscita*, dissertação de Mestrado em Ciências Jurídico-Civilísticas apresentada à Faculdade de Direito da Universidade de Lisboa, Lisboa, 2021, pp. 144-147. Também nesse sentido, já se manifestaram RAPOSO, Vera Lúcia, *Direito à Imortalidade...*, pp. 832-834 e MALUF, Adriana Dabus, *Curso de Bioética e Biodireito...*, pp. 214-215.

assentado numa dualidade de sexo, composta por um homem e uma mulher. E da mesma forma que fizemos anteriormente, valerá a indicação de três modelos: o italiano, mais restritivo, onde o acesso às técnicas de PMA só é permitido aos casais de diferentes sexos, casados ou em coabitação[312]; o português e o francês, onde o acesso a essas técnicas é restrito às pessoas casadas ou unidas de fato numa relação heterossexual, bem como aos casais de mulheres e as mulheres sozinhas[313]; e o brasileiro, onde é permitido o uso das técnicas de reprodução assistida a todas as pessoas capazes[314]. Temos, portanto, do modelo mais restritivo ao mais liberal.

Na doutrina, aqueles que contestam a abertura da procriação medicamente assistida aos casais do mesmo sexo, mais uma vez sugerem uma concepção constitucional da família como família biparental (art. 69.º, n.º 2, da CRP)[315].

Outra vez, não acompanhamos essa construção. Desde logo, porque o conceito de "ambiente familiar normal", como referido alhures[316], só poderá ter algum sentido se lido enquanto um direito de a criança ser cuidada e educada por alguém, pouco importando se tratar de um homem e uma mulher, dois homens ou duas mulheres. A preocupação, nesse contexto, será a de afastar a criança de situações de violência doméstica, atividades ou trabalhos excessivos ou inadequados à sua idade, comportamentos ou atividades gravemente lesivas à sua saúde, segurança, formação, educação ou desenvolvimento[317]. Mais uma vez, a "anomalia" deve ser vista "na perspectiva das faltas de condições para o cuidado e o desenvolvimento da criança (situações de toxicodependência e de alcoolismo, de prisão dos pais, etc.) e não na perspectiva de um modelo normativo de família, nomeadamente a família baseada no casamento"[318].

312 Art. 5.º, n.º 1, da *Legge 19 febbraio 2004 n.º 40.*

313 Em Porutgal, cfr. art. 6.º, n.º 1, da LPMA, com redação dada pela Lei n.º 17/2016, de 20 de junho. Em França, cfr. art. L2141-2 do *Code de la Santé Publique.*

314 Item II, n.º 2, da Resolução nº 2.320/2022, de 20 de setembro, do CFM.

315 É o que vimos na doutrina de OTERO, Paulo, *Personalidade e identidade pessoal...*, pp. 75-76; ASCENSÃO, José de Oliveira, Direito e Bioética..., p. 27 (Procriação Assistida e Direito..., p. 648); e AGUILAR, Francisco, O Princípio da Dignidade da Pessoa Humana e a Determinação da Filiação em Sede de Procriação Medicamente Assistida..., pp. 662-664.

316 Para tanto, cfr. capítulo III, "1.2. Critério do estado civil".

317 Como referem CANOTILHO, J.J. Gomes e MOREIRA, Vital, *A Constituição da República Portuguesa Anotada*, vol. 1..., p. 871.

318 CANOTILHO, J.J. Gomes e MOREIRA, Vital, *A Constituição da República Portuguesa Anotada*, vol. 1..., p. 871.

Depois, porque no seio de uma Constituição que garanta a igualdade (art. 13.º, da CRP), enquanto corolário da dignidade humana (art. 1.º, da CRP), torna-se difícil justificar a exclusão dos pares homossexuais ao acesso à PMA. A "orientação sexual" (art. 13.º, n.º 1, da CRP), acrescentada pela Lei n.º 1/2004, de 24 de julho, veio justamente na direção de se evitar as discriminações diretas e indiretas baseadas nesse critério[319], o que esvazia a afirmação de que existiria um "fundamento material de diferenciação que não permite tratar da mesma forma casais heterossexuais e pares homossexuais"[320]. Efetivamente, são fatores de discriminação ilegítimos[321], que surgem, em boa verdade, como instrumento negativo de segregação[322].

Finalmente, porque aquela construção é desmentida pelo próprio sistema legal, ao passo que a Lei n.º 9/2010, de 31 de maio, veio a admitir o casamento entre pessoas do mesmo sexo, a Lei n.º 2/2016, de 29 de fevereiro, veio a admitir

[319] MIRANDA, Jorge e MEDEIROS, Rui, *Constituição Portuguesa anotada*, tomo 1..., p. 342.

[320] LOUREIRO, João Carlos Gonçalves, "Filho(s) de um gâmeta menor?..., p. 5-48, p. 35.

[321] Em sentido muito similar, RAPOSO, Vera Lúcia, *Direito à Imortalidade...*, p. 712 manifesta-se: "Atendendo ao princípio da igualdade que rege a matéria dos direitos fundamentais, também aqui qualquer diferenciação de tratamento entre beneficiários homossexuais e heterossexuais há-de contar com justificação bastante, nomeadamente a proteção dos direitos da criança que nascerá, caso se entenda que se verifica uma violação dos mesmos por nascer numa família homossexual, o que, como sublinhamos, não passa de um infundado temor".

[322] Apesar de em certa medida fugir do tema da procriação medicamente assistida, mostra-se pertinente reconhecermos que critérios de discriminação fundados no que acreditamos ser "normal" ou "anormal", além de não contribuir para qualquer debate científico, surge como instrumento negativo de segregação que nada de útil juridicamente conduziria. Para tanto, basta lembrarmos do tratamento conferido a homossexualidade nos Estados Unidos, que até 1972 era considerada como um "distúrbio mental" e as relações sexuais daí advindas eram classificadas como "anormais". Sobre o assunto, SPECTOR, Malcolm e KITSUSE, John, *Constructing Social Problems*, Transaction Publishers, New Brunswick, 2001, pp. 13 e ss., relatam que a *Libery of Congress* classificava os livros sobre o movimento da libertação gay como livros de conteúdo de "*Relações Sexuais Anormais, Incluindo Crimes Sexuais*", contribuindo inquestionavelmente com o preconceito e supertições homossexuais antigas. Acontece que o ponto de virada aconteceu em 1972, quando a Biblioteca do Congresso reclassificou os livros, retirando os termos pejorativos, constando apenas "*Homossexualidade, Lesbianismo – Movimento de Libertação Gay, Movimento Homófilo*". A mudança poderia num primeiro momento parecer sem efeito, mas foi a partir da alteração de um velho hábito institucional referente a simples classificação de livros que impulsionou grandes mudanças, como a redefinição pela Associação Psiquiátrica Americana, em 1973, do termo "homossexualidade", de forma a não mais considerá-lo um distúrbio mental.

a adoção por casais do mesmo sexo, e a Lei n.º 17/2016, de 20 de junho, veio a admitir que casais de mulheres recorram à PMA.

Mas há que ir mais fundo. Parece haver entre nós um temor quanto a este tipo de relação, que perigosamente poderia orientar mal sua descendência, submetê-la a todos os tipos de vexações, determinar sua futura orientação sexual e até mesmo causar-lhe uma tara psíquica grave; no extremo, assimila-se a homossexualidade a situações de abuso sexuais por parte desses pais, supostamente pervertidos[323]. Nesse condicionalismo, crê-se que o melhor interesse da criança somente seria satisfeito se fosse criada dentro de uma estrutura familiar composta por um homem e uma mulher, de modo a assegurar-lhe um desenvolvimento saudável e normal. Mas há que se dizer, desde logo, que percepções como essas são lamentáveis, porque parecem sugerir que a homossexualidade é uma orientação sexual malquista e, portanto, deverá ser evitada.

Depois, o que poderíamos dizer daquelas crianças que nasceram e foram criadas em núcleos familiares heterossexuais e, mesmo assim, foram expostas a perigos reais que afetaram gravemente seu desenvolvimento (*v.g.*, situações de violência doméstica, exploração do trabalho infantil, abuso sexual etc.)? Correndo o risco deliberado de abalar algumas consciências, a verdade é que são situações factíveis de acontecer em qualquer núcleo familiar, pouco importando se tratar de um pai e uma mãe, dois pais ou duas mães. Trocando em miúdos, a probabilidade de um filho sofrer maus-tratos e abusos é exatamente a mesma em qualquer situação, apesar de estudos revelarem uma percentagem maior de molestadores heterossexuais do que homossexuais[324]. Para nós, vale muito mais saber que a criança será cuidada e terá valor, porque as crueldades que possa vir a sofrer parecem-nos mais suscetíveis quando assim não ocorra[325].

Ainda, se o que torna uma pessoa homossexual é ser criada por homossexuais, o que poderíamos dizer daquelas crianças que foram criadas em núcleos heterossexuais e, ainda assim, na vida adulta, optaram por se relacionar com pessoas do mesmo sexo? Obviamente que aquela lógica não possui qualquer

323 Argumentos reunidos e refutados por Vera Lúcia Raposo, em RAPOSO, Vera Lúcia, "Dá-me licença que tenha filhos?"..., pp. 11-12 e pp. 19-20.

324 CANTOR, James M., *Male Homosexuality, Science, and Pedophilia*, 2002, p. 1-6, disponível em: https://leg.mt.gov/bills/2011/Minutes/House/Exhibits/juh59a02.pdf, acesso em: 19/05/2022.

325 Também nesse sentido RAPOSO, Vera Lúcia, *Direito à Imortalidade*..., p. 712.

sentido (e mesmo que se isso fosse verdade, não vemos em que medida a homossexualidade seria, por si só, prejudicial a dignidade das pessoas).

Por outro lado, não podemos deixar de reconhecer eventuais situações de humilhação social que a criança poderá sofrer, pelo simples fato de ter pais homossexuais. Mas esse é um argumento que não deveria valer para justificar um critério de diferenciação de tratamento entre beneficiários homossexuais e heterossexuais. Na verdade, eventuais vexações, que infelizmente se tem notícia, devem servir de fundamento para combatermos discriminações a que a criança estará sujeita, e não servir de argumento para fundamentar aquela restrição. Afinal, como assevera Vera Lúcia Raposo, "é sabido que muitas crianças são vitimizadas pela sua origem étnica ou religiosa, pela condição de saúde ou económica dos pais, mas nem por isso proibimos a reprodução a pessoas de diferentes etnias ou religiões, a pessoas doentes ou com escassos recursos económicos; pelo contrário, censuramos os maus-tratos sociais a essas crianças, inclusive juridicamente"[326].

Em boa verdade, notamos que os argumentos usualmente invocados para sustentar a proibição de acesso à PMA por casais homossexuais, não tem em conta qualquer fundamento jurídico, mas antes uma repulsa moralista, assentada numa percepção tradicional de família. Todavia, ao trabalharmos restrições de direitos fundamentais – no nosso caso, o direito à reprodução –, de nada valerá considerações morais que não possuem fundamento jurídico suficiente[327]. Certamente que a cada indivíduo caberá suas escolhas morais, de se relacionar ou não com determinadas pessoas, o que, na sua concepção, poderia ser imoral. Mas não cabe, a esses mesmos indivíduos, o direito de forçar sua moralidade na lei, porque, do contrário, tomaríamos a própria lei como guardiã da moralidade[328].

Em conclusão, valerá uma última nota quanto ao regime português. Referimos anteriormente que o acesso à procriação medicamente assistida em

[326] RAPOSO, Vera Lúcia, "Dá-me licença que tenha filhos?"..., pp. 11-12.

[327] RAPOSO, Vera Lúcia, "Dá-me licença que tenha filhos?"..., p. 12.

[328] Nossa afirmação tem como base aquilo que é dito por EMMERSON, Glenda, Surrogacy: Born for Another, *Research Bulletin*, n.º 8/96, Queensland Parliamentary Library, Brisbane, 1996, p. 58, a propósito das discussões sobre a gestação de substituição na Austrália: "*Certainly that individual has the right to participate or not to participate in a practice they find immoral, but they do not have the right to force their morality into society's laws*". Em completo, cfr. RAPOSO, Vera Lúcia, *De mãe para mãe...*, p. 142.

Portugal é restrito às pessoas casadas ou unidas de fato numa relação heterossexual, bem como aos casais de mulheres e as mulheres sozinhas (art. 6.º, n.º 1, da LPMA). Assim, como foi posto para os homens sozinhos, o acesso à PMA não é permitido aos casais de homens. Novamente, o que justificaria essa restrição face aos homens?

Seguindo a linha de raciocínio evidenciada anteriormente[329], essa proibição resultava, até certo ponto, de uma coerência sistemática: os homens, por serem incapazes biologicamente de gerar uma criança, necessitam sempre de uma mulher para suportar a gravidez, o que, como já dito, nos conduz a uma gestação de substituição; no modelo inicialmente proposto pela Lei n.º 32/2006, de 26 de julho, o acesso aos contratos de gestação de substituição não era permitido; quando da entrada em vigor da Lei n.º 17/2016, de 20 de junho, que permitiu o acesso à PMA por casais de mulheres e mulheres sozinhas, ainda valia esse regime proibitivo; apenas 2 meses depois da entrada em vigor da Lei n.º 17/2016, de 20 de junho, é que tornou-se possível o acesso à gestação de substituição, o que veio a ocorrer com a Lei n.º 25/2016, de 22 de agosto; ainda assim, nada fez o legislador para atualizar o rol de beneficiários; todavia, em 2018, o regime português de gestação de substituição foi declarado inconstitucional pelo Tribunal Constitucional (acórdão n.º 225, de 7 de maio); mais uma vez, voltou a valer aquele regime proibitivo, por força do art. 282.º, da CRP; recentemente a Lei n.º 90/2021, de 16 de dezembro, reintroduziu a gestação de substituição em Portugal; de novo, o que se pode afirmar até a presente data, nada fez o legislador para atualizar o rol de beneficiários.

Feita essa breve recapitulação, não podemos concluir de forma diferente. Não permanecendo aquela justificação sistemática de proibição, estamos perante uma patente inconstitucionalidade, por força dos arts. 1.º, 13.º, n.º 2, 26.º, n.º 1, 36.º, n.º 1 e 67.º, n.º 1, todos da CRP, porque tolhe-se dos pares homossexuais masculino o exercício de um direito a procriar por técnicas laboratoriais de reprodução, especialmente se considerar que para eles, está será a única forma possível de terem filhos biologicamente seus[330].

[329] Para tanto, cfr. capítulo III, "1.2. Critério do estado civil".

[330] A esse propósito, CORTE-REAL, Carlos Pamplona e PEREIRA, José Pereira, *Direito da família*... p. 237, já apontavam uma inconstitucionalidade material das restrições impostas originalmente pelo art. 6.º, da LPMA, por conter "disposição obviamente violentadora dos

2. A subsidiariedade das técnicas como critério restritivo

Outro critério que atuará como limitador baseia-se num princípio básico que funda o recurso às técnicas de PMA: o da subsidiariedade[331]. Ainda que comporte exceções, nomeadamente o que se vê em Espanha[332], a generalidade das legislações que admitem o recurso a procriação medicamente assistida estabelecem que essas técnicas representam um método subsidiário, e não alternativo, de procriação, o que significa dizer que não se confere a possibilidade de escolha entre a reprodução por vias sexuais ou por métodos científicos[333]. Trocando em miúdos, "o recurso a estas técnicas não deve depender puramente da vontade dos pretensos beneficiários, uma vez que só poderão ser aplicadas quando a reprodução sexual não seja uma opção viável"[334].

Na Itália, por exemplo, a procriação medicamente assistida somente será permitida em casos de esterilidade ou infertilidade, quando não houver outros métodos terapêuticos eficazes[335]. Na Suíça, admite-se nos casos de infertilidade e para evitar o risco de transmissão de doença grave[336]. Em Portugal, por sua vez, a utilização das técnicas de PMA, que também será um método subsidiário (art. 4.º, n.º 1, da LPMA), pressupõe diagnóstico de infertilidade ou ainda para tratamento de doença grave ou pelo receio de transmissão de

artigos 13.º, n.º 2, 26.º e 27.º, da CRP, porque tolhem o acesso à PMA a casais homossexuais, e até a mães solteiras/sós" (apesar de não fazerem qualquer referência aos homens sozinhos).

331 Sobre o principio da subsidiariedade, cfr. relatório anexo ao parecer 44/CNECV/04, do Conselho Nacional de Ética para as Ciências da Vida, pp. 30 e ss.

332 Na redação anterior, lia-se: "*Las Técnicas de Reproducción Asistida tienen como finalidad la actuación médica ante la esterilidad humana, para facilitar la procreación cuando otras terapéuticas se hayan descartado por inadecuadas o ineficaces*" (art. 1.º, n.º 2 da *Ley 35/1988, de 22 de noviembre, sobre Técnicas de Reproducción Asistida*). Tinha-se, num primeiro momento, um requisito condicionante, que nos conduzia a uma regra de subsidiariedade. Contudo, nada na versão atual da *Ley 14/2006, de 26 de mayo, sobre técnicas de reproducción humana asistida*, leva-nos a concluir daquela forma. Como explica SERNA MEROÑO, Encarna, Reflexiones en torno a la maternidad subragada, In: Helena Mota e Maria Raquel Guimarães (coords.), *Autonomia e heteronomia no Direito da Família e no Direito das Sucessões*, 1ª ed., Almedina, Coimbra, 2016, p. 807-821, p. 815, "*las técnicas de reproducción assistida pueden ser solicitadas tanto por personas estériles, como también por otras que no tienen problema alguno para poder concebir por médios naturales*".

333 PEREIRA, Maria Margarida Silva, *Direito da Família...*, p. 786.

334 RAPOSO, Vera Lúcia, *Direito à Imortalidade...*, p. 729.

335 Art. 1.º, da *Legge 19 febbraio 2004 n.º 40.*

336 Art. 5.º, da *Loi fédérale sur la procréation médicalement assistée, du 18 décembre 1998.*

doenças de origem genética, infecciosa ou outras (art. 4.º, n.º 2, da LPMA). Ainda assim, lê-se no art. 4.º, n.º 3, da LPMA que "as técnicas de PMA podem ainda ser utilizadas por todas as mulheres independentemente do diagnóstico de infertilidade", o que conduz Jorge Duarte Pinheiro a afirmar que para as mulheres "a PMA corresponde verdadeiramente a um método alternativo de procriação"[337]. Para essa doutrina, os casais de mulheres ou as mulheres sozinhas, poderão "optar livremente entre a procriação mediante acto sexual e procriação assistida"[338].

Nos casos de infertilidade, que se explicou em outro momento[339], é evidentemente justificável que se permita o acesso a essas técnicas, porque a reprodução sexual é, além de inviável, impossível[340]. Não estará o legislador a oferecer a cura da infertilidade, mas alternativas médicas às limitações impostas pela natureza[341]. O que poderá se discutir é se a lei exige que ambos os beneficiários, casados ou unidos de fato, sejam inférteis. Quer dizer, se a infertilidade acomete apenas um dos beneficiários, poderia se sustentar que para eles o recurso à PMA não seria devido, porque aquele que conservou sua capacidade reprodutiva poderá fazê-lo com outra pessoa, fora do casamento ou da união estável. Construção similar também poderá ser feita quanto aos casos de "*unexplained infertility*", também referenciada como "infertilidade relacional"[342], na qual o muco cervical feminino revela-se hostil ao espermatozoide daquele homem, o que seria impeditivo para a concepção natural[343].

337 PINHEIRO, Jorge Duarte, *Direito da Família Contemporâneo...*, p. 170. Também nesse sentido, cfr. REIS, Rafael Vale e, *Procriação medicamente assistida...*, pp. 64-67.

338 PINHEIRO, Jorge Duarte, *Direito da Família Contemporâneo...*, p. 170.

339 Conceito de infertilidade trabalho no capítulo II, "1. Da erosão do processo reprodutivo à ascensão das técnicas laboratoriais de reprodução".

340 RAPOSO, Vera Lúcia, *Direito à Imortalidade...*, p. 729.

341 PEREIRA, Maria Margarida Silva, *Direito da Família...*, p. 783. Para CORTE-REAL, Carlos Pamplona e PEREIRA, José Silva, *Direito da Família...*, p. 237, "a lei tem a infertilidade por uma doença aparentemente tratável, mediante recurso às técnicas de PMA".

342 Para usar o termo referido por RAPOSO, Vera Lúcia, "Dá-me licença que tenha filhos?"..., p. 14.

343 O que é explicado por NAKANO, Fabiana Y., LEAO, Rogério de Barros F. *et alli*, Insights into the Role of Cervical Mucus and Vaginal PH in Unexplained Infertility, *Medical Express*, vol. 2, n.º 2, 2015, n.p., disponível em: https://www.scielo.br/j/medical/a/qjRg5mV765Dvs5tYjCtBwyC/?lang=en, acesso em: 26/05/2022.

Em outras palavras, ainda que férteis, a reprodução sexual não será uma opção para o casal, mas conseguem procriar com outras pessoas.

Um primeiro ponto a se notar é que não há, nas legislações que se tem conhecimento, a exigência de que ambos os beneficiários sejam inférteis. Se apenas um deles for, a reprodução sexual já não será uma opção para realização daquele projeto parental. Seria minimamente contestável a solução de que deveriam desistir daquele relacionamento ou, mais controversamente, de que deveriam manter relações sexuais com outras pessoas fora do casamento ou da união estável. Essa mesma ideia também valerá para o caso referenciado de "infertilidade relacional", porque ainda que ambos os membros da relação conservem suas capacidades reprodutivas, a reprodução por via do ato íntimo e carnal do sexo não será uma opção. Parece-nos inconcebível sustentar que, nesses casos, a PMA se revelaria como um método alternativo de reprodução, porque estaríamos a desrespeitar aquela união e as escolhas daquelas pessoas, que desejam não apenas compartilhar o leito, mas um projeto de vida em comum. Assim, se a infertilidade afetar apenas um dos membros do casal, devemos considerar, no âmbito da PMA, que ambos estão impedidos de realizar seus direitos reprodutivos[344]. Em se tratando de "infertilidade relacional", há aqui um caso de infertilidade relativa, que também não deverá ser impeditiva de acesso à PMA[345].

Já no que diz respeito ao uso da PMA para se evitar a transmissão de doenças de origem genética, infecciosa ou outras, dúvida semelhante também poderia ser levantada. Por exemplo, a pessoa fértil, ainda que doente, poderá reproduzir-se, mesmo que isso resulte na transmissão de doenças ou malformações genéticas a seus futuros filhos. Verdadeiramente, seria a reprodução sexual uma opção? Ou de outro modo, o recurso à PMA representa um método alternativo de procriação? Pensamos que não, isto porque ninguém deverá ser obrigado a optar por um filho doente ou por não ter filho[346]. O recurso às técnicas laboratoriais de reprodução lhe permitiria gerar uma descendência

344 RAPOSO, Vera Lúcia, *Direito à Imortalidade...*, p. 729. A esse propósito, a autora também explica que uma das partes exerce seu direito à reprodução, enquanto a outra o seu direito a constituir família.

345 RAPOSO, Vera Lúcia, "Dá-me licença que tenha filhos?"..., p. 14.

346 RAPOSO, Vera Lúcia, *Direito à Imortalidade...*, p. 729.

saudável, ou pelo menos livre daquela patologia que justificou o recurso a esses métodos científicos[347].

Nessas situações, com o uso da DGPI[348], analisa-se o genoma do novo ser, antes da implantação, na tentativa de se identificar os genes indicadores de determinadas doenças (*v.g.*, aneuploidias, doenças ligadas a um único gene e outras doenças relacionadas com anomalias cromossómicas familiares[349]), o que permitirá que apenas os embriões geneticamente viáveis sejam selecionados e transferidos para o útero materno[350]. É o que se vê, por exemplo, na seleção do sexo da descendência, que por razões medicamente justificáveis, busca-se evitar determinada anomalia ligada a um dos cromossomas sexuais[351]. Ainda que em regra proibida (art. 7.º, n.º 2, da LPMA), a sexagem será legalmente admitida nas hipóteses de prevenção de doenças hereditárias conectadas a um determinado sexo (art. 7.º, n.º 3, da LPMA), o que não se confunde com alegações de "eugenismo sexista"[352], usualmente conectadas a preconceitos históricos e culturais[353].

[347] Importa mais uma vez recordar que o DGPI não funcionará como garantia segura de um bebê saudável, porque atualmente apenas permite identificar um número restrito de doenças. Referenciando a falibilidade desse diagnóstico, cfr. nota 245.

[348] Sobre o modo de funcionamento desse diagnóstico, cfr. nota 242.

[349] Referenciadas no capítulo III, "1.1.2. Idade máxima".

[350] Curioso notar que nos primórdios da fertilização *in vitro*, a seleção embrionária (processo de escolha e eliminação dos embriões), vulgarmente chamada de "*quality control*" (por BIRNBACHER, Dieter, "Quality control" in reproduction – what can it mean, what should it mean?, In: Elisabeth Hildt e Sigrid Graumann (edts.), *Genetics in Human Reproduction*, Routledge, Ashgate/Brookfield/Singapore/Sydney, 1999, p. 119-126, p. 120 e ss.), era baseada unicamente em critérios morfológicos, já que os embriões aparentemente mais saudáveis ofereciam uma maior garantia de desenvolvimento uterino normal, o que, na prática, ainda conduzia a resultados indesejáveis e muitas das gravidezes fracassavam . Hodiernamente, com os avanços no estudo do genoma humano, o critério de seleção utilizado é a análise genética dos embriões.

[351] Como explica Vera Lúcia Raposo, Pode trazer-me o menu, por favor?..., p. 67. Por exemplo, KING, Jaime, And Genetic Testing For All...The Coming Revolution in Non-Invasive Prenatal Genetic Testing, *Rutgers Law Journal*, vol. 42, n.º 3, 2011, p. 599-658, p. 607, explica que "*In families with a history of X-linked disorders, such as Duchenne/Becker Muscular Dystrophy, sex determination provides a powerful tool for identifying male fetuses at risk for the X-linked disease*".

[352] A possibilidade de seleção do sexo, sem qualquer justificativa médica, conduzir-nos-ia a um "*eugenismo sexista*" (para empregar o termo utilizado por REIS, Rafael Vale e, Responsabilidade penal na procriação medicamente assistida – A criminalização do recurso à maternidade de substituição e outras opções legais duvidosas, *Lex Medicinae*, ano 7, n.º 13, 2010, p. 69-93, p. 79).

[353] Relatas por Vera Lúcia Raposo, Pode trazer-me o menu, por favor?..., pp. 67-68. Contudo, é curioso notar que as justificativas para a escolha do sexo, para além das razões médicas, nem

Já quanto à exceção aplicada às mulheres sozinhas e aos casais de mulheres, que independentemente do diagnóstico de infertilidade poderão ter acesso à PMA, afirmações de que essas técnicas corresponderiam a um método alternativo de procriação, deverão ser lidas com certa cautela. De fato, uma mulher sozinha, que tenha suas capacidades reprodutivas conservadas, poderá reproduzir-se, basta que se relacione sexualmente com um homem. Do mesmo modo, um casal de mulheres homossexuais, se férteis, poderão reproduzir-se, desde que recorram à prática do ato sexual com uma pessoa do sexo oposto, isto é, um homem[354]. Nesses casos, não se pode negar a ausência de indicação terapêutica.

Há quem possa sugerir, como argumento favorável aos pares homossexuais, que o requisito da infertilidade também se verificaria nesses casos. É que, segundo o conceito oferecido pela OMS, a infertilidade é tida como uma doença do sistema reprodutivo, que se traduz na incapacidade de um casal obter uma gravidez, depois de pelo menos 12 meses de relações sexuais regulares e sem uso de métodos contraceptivos. Daí, formula-se a seguinte construção: como a definição não especifica que a incapacidade de conceber tenha de ser de uma relação sexual entre um homem e uma mulher e como pares homossexuais são incapazes de obter uma gravidez após relacionarem sexualmente entre si, estaria verificado aquele cenário, o que justificaria o recurso a essas técnicas[355].

sempre se valerá de motivações tão controversas. Ainda que contestável, PINHEIRO, Jorge Duarte, *Temas de Direito Pediátrico...*, p. 105 apresenta-nos um caso ocorrido em 2000, no Reino Unido: "Alan e Louise Masterton foram pais de cinco filhos, quatro do sexo masculino e um do sexo feminino. A filha morreu num acidente, quando tinha três anos, e o casal pretendia voltar a ter um filho do sexo feminino. Embora não estando abrangida pelo fundamento principal de proibição da selecção de sexo (evitar a discriminação social das mulheres), a hipótese representa, para alguns, um capricho difícil de satisfazer". Em outro sentido, REIS, Rafael Vale e, *Procriação medicamente assistida...*, pp 136-139 defende a escolha do sexo para "*family balancing*", isto é, para se garantir algum equilíbrio de gênero naquele núcleo familiar. Na explicação do autor, quando um casal tem dois rapazes ou duas meninas, a escolha do sexo do terceiro filho seria lícita, como forma de equilibrar o gênero.

[354] Como sustenta LOUREIRO, João Carlos Gonçalves, Há mais vida para além da letra: a questão das chamadas (homo)parentalidades e a (re)leitura da lei de procriação medicamente assistida, *Revista Portuguesa de Bioética*, vol. 11, 2010, p. 273-293, pp. 273 e ss. ao entender que no caso dos pares homossexuais, não estaríamos perante uma verdadeira infertilidade.

[355] Ideia que extraímos de RAPOSO, Vera Lúcia, "Dá-me licença que tenha filhos?"..., p. 14, que ainda afirma: "Nem se diga que a dita definição de infertilidade se refere exclusivamente

De nossa parte, não queremos ir tão longe. A uma porque, se concordássemos, correríamos o risco de, impropriamente, qualificar ou pelo menos insinuar que a homossexualidade seria uma doença, que em termos reprodutivos, seria aparentemente tratável mediante recurso às técnicas de PMA. A duas porque parece-nos desnecessário que se recorra a infertilidade para justificar o acesso à procriação assistida pelas mulheres homossexuais, porque o recurso a essas técnicas também se fundam em outras hipóteses, como para o caso da "infertilidade relacional", para se evitar a transmissão de doenças de origem genética, infecciosa ou outras, para tratamento de doença grave ou até mesmo para se permitir a reprodução *post mortem*. São propósitos que fogem ao argumento da infertilidade e nem por isso impeditivas do acesso à PMA. Em todos essas hipóteses, o uso das técnicas laboratoriais de reprodução surgem como um mecanismo facilitador do direito fundamental à reprodução, que nos casos dos casais de mulheres e das mulheres sozinhas, estaria a respeitar suas opções básicas de vida.

Logo, erra-se ao se considerar que para as mulheres sozinhas e para os pares homossexuais femininos a procriação medicamente assistida corresponderia a um método alternativo de procriação, porque relacionar-se sexualmente com o sexo oposto nunca foi uma opção. O recurso à PMA parece-nos justificável porque forçá-las a uma relação tão íntima apenas com o intuito de iniciar uma gravidez seria um ato de violência. Para as mulheres sozinhas, o constrangimento ao contato sexual surge de duas formas: "ou omitindo a verdadeira finalidade reprodutiva, o que implica sexo sem proteção, de forma a conseguir uma gravidez e perigosamente as expõe a todo o tipo de doenças sexualmente transmissíveis; ou, em alternativa, revelam o objectivo que as move, o que lhes permite pedir comprovativos médicos acerca do estado de saúde do parceiro mas, por outro lado, as sujeita a futuros pedidos de partilha do poder paternal com um completo estranho"[356]. Para as pessoas

a impedimentos biológicos, ao passo que no caso dos homossexuais o impedimento se liga à sua orientação sexual. É que na verdade existe um impedimento biológico que impede duas pessoas do mesmo sexo de procriarem em conjunto". Registre-se, oportunamente, que em outra oportunidade, a própria autora levantou argumentos relevantes a favor do acesso à PMA por pares homossexuais (cfr. RAPOSO, Vera Lúcia, *Direito à Imortalidade*..., pp. 730-731).

[356] RAPOSO, Vera Lúcia, *Direito à Imortalidade*..., p. 731, nota 2192.

homossexuais, "o constrangimento é ainda maior, pois implica uma relação sexual que lhes pode ser repugnante"[357].

Por isso que, segundo nos parece, o próprio legislador reconheceu (e bem) que para as mulheres, o recurso à essas técnicas seria "independentemente do diagnóstico de infertilidade" (art. 4.º, n.º 3, da LPMA). Em complemento, permitindo-se o acesso aos homens sozinhos e aos casais de homens, a mesma leitura deverá ser feita, pelo que o acesso à PMA também deverá resultar independentemente do diagnóstico de infertilidade.

3. Outros critérios possíveis de se adotar

Outros critérios menos comuns, mas possíveis de se adotar, referem-se a algumas construções que buscam limitar o acesso a certos indivíduos, exigindo, por exemplo, que comprovem um estilo de vida saudável, demonstrem a inexistência de doenças que impossibilitem de cuidar dos filhos no futuro, atestem a capacidade e a idoneidade de serem bons pais ou até mesmo uma determinada duração mínima para a relação dos beneficiários, seja ela casamento, seja ela união estável.

Desde logo, serão critérios razoáveis e legítimos a se adotar?

3.1. Critério de racionamento

O primeiro deles surge em analogia com o que ocorre, por exemplo, no transplante de órgãos. Sabe-se que a medicina, face à escassez de órgãos para transplante, resultado de uma demanda superior à oferta, adota critérios embasados em aspectos éticos e médicos, que demonstrem substancialmente a possibilidade de se afetar o resultado do transplante[358]. Há, por tanto, um critério de racionamento, na tentativa de organizar a distribuição desses

[357] RAPOSO, Vera Lúcia, *Direito à Imortalidade...*, p. 731, nota 2192.

[358] GARCIA, Valter Duro, GARCIA, Clotilde Druck *et alli*, Critérios de distribuição de órgãos, In: Clotilde Druck Garcia (org.), *Manual de doação e transplantes. Informações práticas sobre todas as etapas do processo de doação de órgãos e transplante*, Libretos, Porto Alegre, 2017, p. 107-115, p. 107, disponível em: https://site.abto.org.br/wp-content/uploads/2020/08/Manual-de--Doac%CC%A7a%CC%83o-e-Transplante-de-O%CC%81rga%CC%83os-2017-1.pdf, acesso em: 23/05/2022.

recursos escassos, o que conduz, por exemplo, a exclusão de pessoas de certas intervenções cirúrgicas, como fumadores, alcoólatras e obesos.

É daí que poderá surgir o entendimento de que o acesso às técnicas de PMA deverá ser pensado para os candidatos que conservem um estilo de vida saudável, que, clinicamente, justifiquem maior grau de sucesso no processo reprodutivo. No oposto, seria de se excluir o acesso àquelas pessoas que, devido às opções de vida, conduziriam a uma taxa de insucesso maior. É o que se viu, por exemplo, na proposta defendida pela *European Society of Human Reproduction and Embryology* (ESHRE), em 2010, ao sugerir a exclusão das mulheres obesas do acesso à PMA, dado a maior taxa de abortamento espontâneo[359].

Para alguns, essa aparente racionalidade poderá resultar, na verdade, em uma tentativa de retaliação face a modelos de vida menos saudáveis, de modo que só poderá contar com alguma justificação jurídica nos tratamentos reprodutivos que ocorrem no âmbito do SNS, porque será o Estado a custear aquele processo. Opera-se, nesse entendimento, uma análise de custo-benefício, dado que os recursos do SNS são escassos e, portanto, devem basear-se numa análise de probabilidade razoável de sucesso (este é o mesmo motivo pelo qual Portugal adota um limite máximo de idade para as mulheres realizarem tratamentos pagos pelo SNS). Nos tratamentos custeados pelo próprio paciente, essa racionalidade não deverá se fazer presente[360].

Contudo, para nós, as coisas não deverão ser vistas completamente dessa forma. É certo que nos processos reprodutivos custeados pelo SNS, a adoção de um critério de racionalidade que, por exemplo, exclua pessoas obesas (como sugerido pela ESHRE), tem como justificação suficiente a escassez de recursos financeiros do Estado e uma maior taxa de insucesso dessas gravidezes. Quanto a esse ponto, não vamos discordar.

Mas há que ir mais fundo, porque aquela construção parece não ter em consideração os baixíssimos níveis de doações de gametas em Portugal[361].

[359] MADEN, Charlotte, Overweight women risk IVF miscarriage, *Bionews*, junho de 2010, n.p.

[360] É a posição de RAPOSO, Vera Lúcia, "Dá-me licença que tenha filhos?"..., p. 16.

[361] Para tanto, cfr. Especialistas de medicina de reprodução lançam campanha que apela à doação de óvulos e espermatozóides, *Publico*, março de 2019; Mais do que duplicou o número de mulheres à espera de dadores para poderem ser mães, *Observador*, agosto de 2019; Doação de espermatozoides e de óvulos cai a pique, *Expresso*, fevereiro de 2021; e Banco público de gâmetas não recebeu nenhuma dádiva de espermatozóides em 2020, *TVI24*, fevereiro de 2021.

Na teoria, a comparação que poderia ser feita com o transplante de órgãos não seria perfeita, dado que a doação de gametas possui uma "capacidade contributiva" incontestavelmente maior, o que poderia beneficiar um número incontável de pessoas. Todavia, a realidade não permite que pensemos dessa forma. Num cenário de escassez de gametas, parece-nos possível (e preferível) que se adote critérios de racionalidade clinicamente justificáveis, para que se garanta uma maior taxa de sucesso naqueles procedimentos que dependam de doações de espermatozoide e óvulo (PMA heteróloga), ainda que sejam processos custeados pelos próprios beneficiários. Em um outro cenário, quando se atingir níveis de doações mais altos e quando se tratar de PMA homóloga custeada pelos próprios pacientes, essa racionalidade será dispensada.

Adicionalmente, queremos enfatizar que nossa construção não é pensada numa alegada censura a determinados estilos de vida ou até mesmo de que estaríamos a sugerir que pessoas obesas, por exemplo, seriam péssimos pais (o que afastaria o recurso à PMA). Há, no nosso entender, uma simples racionalidade em avaliar os recursos disponíveis (de material genético e financeiro) e uma provável taxa de sucesso, em analogia com o que ocorre no transplante de órgãos[362].

3.2. Critério do estado de saúde

Também poderá sugerir-se um critério que tenha como fundamento o estado de saúde dos beneficiários, o que excluiria as pessoas que padecessem de alguma enfermidade que as impossibilitassem de cuidarem dos filhos no futuro. Esse é um critério que parece ter em consideração os interesses da criança, por restringir o acesso à PMA àquelas pessoas que, em teoria, fossem aptas a

[362] Para REIS, Rafael Vale e, *Procriação medicamente assistida...*, p. 107, tratar a matéria, numa previsão geral e abstrata da lei, poderá se revelar uma atitude legislativa com "potencial discriminatório expansivo", pois, no seu entender, "decisões concretas a tomar nesta matéria vão depender, permanentemente, do estado da arte em matéria de procriação humana assistida e, sobremaneira, das condições subjetivas dos concretos beneficiários", pelo que sua definição em *guidelines* seria mais recomendável, de modo a "orientar as práticas clínicas, conferindo-lhes segurança regulatória, mas também assegurar previsibilidade aos potenciais candidatos à PMA, dessa maneira contribuindo para a definição de um quadro de acesso igualitário às técnicas".

providenciar os cuidados necessários para o desenvolvimento de seus filhos (ao menos nos estágios fundamentais da sua formação).

É o que se vê, por exemplo, na *South Australian Code of Practice*, que apenas permite acesso aos tratamentos reprodutivos se comprovado que os pacientes não sofrem de qualquer doença ou incapacidade que os impeçam de providenciar os cuidados necessários dos filhos[363]. Ainda que de forma implícita, essa exigência também parece existir na Suíça, porque segundo a lei sobre procriação medicamente assistida do país, o recurso à PMA é reservado aos casais que, em vista de sua idade e situação pessoal (*"en considération de leur âge et de leur situation personnelle"*), tenha condições de educar a criança até atingir a maioridade[364].

Em termos críticos, afigura-se duvidosa a adoção desse critério. Desde logo, porque o mesmo deveria valer para a reprodução com recurso ao ato íntimo e carnal do sexo, que estará sujeita as mesmas enfermidades e riscos de morte. Quer dizer, se aquele critério for válido, teríamos de concluir, de igual modo, que as pessoas doentes teriam de ser impedidas de procriar por relação sexual. Depois, ao se exigir dos pais um dever de prestar assistência aos filhos (art. 36.º, n.º 5, da CRP e art. 1.878, n.º 1, do CC), não se pode inferir, por exemplo, que devem permanecer vivos ao longo de todo o período necessário. Seria irreal pensar dessa forma.

Na verdade, pretender avaliar o estado de saúde das pessoas, poderá conduzir-nos a juízos discriminatórios, como recorda Vera Lúcia Raposo. A esse respeito, cita o exemplo do relatório anexo ao parecer 44/CNECV/04 do Conselho Nacional de Ética para as Ciências da Vida, que censurou o uso dos procedimentos de PMA por pessoas contaminadas com o vírus HIV, por ser "reprovável, da perspectiva dos interesses do nascituro, a procriação assistida com risco de orfandade precoce ou a programação livre da vinda de um filho com pais doentes. Visa-se evitar que o filho seja privado logo à nascença dos benefícios de que dispõem as crianças com progenitores saudáveis"[365]. Contra-argumentando a proibição proclamada pelo CNECV, enfatiza que a "imediata sentença de orfandade" não era real em 2004, por já existirem

[363] RAPOSO, Vera Lúcia, *Direito à Imortalidade...*, p. 720, nota 2171.

[364] Art. 3.º/2/b da *Loi fédérale sur la procréation médicalement assistée, du 18 décembre 1998.*

[365] Cfr. relatório anexo ao parecer 44/CNECV/04, do Conselho Nacional de Ética para as Ciências da Vida.

tratamentos retrovirais que possibilitavam uma razoável expectativa de vida para os doentes com HIV. Na verdade, considera que a perturbação do CNECV era direcionada ao suposto comportamento dessas pessoas, que teria conduzido à doença. Quer dizer, crê-se num juízo de censura contra um estilo de vida que, impropriamente, era relacionada a HIV, como homossexualidade, promiscuidade e toxicodependência[366].

De nossa parte, a adoção de um critério que tenha como fundamento o estado de saúde dos beneficiários, que busca excluir as pessoas que padecessem de alguma enfermidade que as impossibilitassem de cuidarem dos filhos no futuro, não se revela como um critério de justificação suficiente, por constituir medida irrazoável. Ou alguém dirá que aquela pessoa que está a sofrer de um câncer em estágio terminal está proibida de procriar por relação sexual? Obviamente que não.

3.3. Critério de diligência parental

Pode-se sugerir também a imposição de um critério de diligência parental, que ateste a capacidade e a idoneidade dos beneficiários de serem bons pais, à semelhança do que ocorre na adoção, onde os futuros progenitores passam por um rigoroso escrutínio quanto à sua aptidão[367]. Poderia se falar até mesmo numa espécie de "licença para ser pai"[368], fundada na ideia de que o direito à reprodução só deveria ser admitido se não prejudicasse o futuro do filho que

[366] RAPOSO, Vera Lúcia, "Dá-me licença que tenha filhos?"..., pp. 16-17.

[367] Como questiona RAPOSO, Vera Lúcia, "Dá-me licença que tenha filhos?"..., p. 17.

[368] ARCHARD, David, *Children...*, pp. 140-141: "*The exercise of a liberty right is constrained, according to familiar liberal principles, only by a harm principle. An adult should be free to do whatever does not harm another. Hence the would-be parents are entitled to exercise their right to bear so long as they do not harm any future child. In this imagined case they do not, and thus should be perfectly free to have the child. Many will find this conclusion unappealing. Can it really be right for two adults to bring into existence knowingly and deliberately a child whose life will be very miserable, even if they could not have any child with happier prospects? One way to block the conclusion of the argument is by asserting that the right to bear is constrained by the requirement that parents bring into existence only those children that they can be reasonably sure will enjoy a minimally decent life, one that is above the threshold and thus more than merely better overall than non-existence. A powerful reason for thinking this way is that procreating is not just the exercise of one's freedom but the creation of another life. Can it possibly be morally acceptable for adults to exercise their right in such a way that somebody who will enjoy very few rights is brought into being? Can it be acceptable to claim that it is very much in one's interests to create a human being whose own central interests cannot be enjoyed? The satisfaction of one person's rights and*

seria concebido. Quer dizer, o direito de ter filhos seria limitado pela exigência de que os pais tragam à existência apenas aquelas crianças que eles podem ter a certeza de que desfrutarão de uma vida minimamente decente. Essa é uma exigência que parece existir na Suécia[369].

Essa ideia, contudo, enfrenta dificuldades jurídicas e éticas. Desde logo, Vera Lúcia Raposo questiona a determinação dos critérios de avaliação: "Um emprego seguro e com bom rendimento? Uma vida familiar estável, por exemplo, a inexistência de divórcios nos antecedentes familiares? A ausência de antecedentes criminais, como o faz o *Assisted Reproductive Treatment Act 2008, n. 76, section 14*, de 2008, do estado australiano de Victoria? Um estilo de vida saudável, o que poderia implicar a abstenção de consumo de estupefacientes, mas também de álcool e mesmo de tabaco?". Depois, enfatiza que esses critérios de "avaliação" e "licenciamento" da parentalidade poderão ser ditados por meros preconceitos morais que nada têm de jurídico[370].

Também por nossa parte somos adversos a um procedimento inquisitório e "certificativo do bom pai de família", porque poderá direcionar um juízo de censura a determinadas pessoas, simplesmente por se desaprovar determinado padrão social ou estilo de vida, por exemplo. Efetivamente, o que se poderá ter são medidas inibitórias do poder parental depois de a criança ter nascido, até com sua destituição. Depois porque teríamos dificuldade em determinar os critérios de avaliação. Quer dizer, o que torna alguém um bom progenitor, adequado para ter filhos? Ter um bom rendimento financeiro? Um emprego estável? Ser inteligente? Ter práticas saudáveis? Não consumir álcool, drogas e tabaco? Aliás, não são critérios que são postos nos casos de reprodução sexual, pelo que o Estado não deveria se imiscuir também na reprodução com recurso às técnicas de PMA.

E nem se diga que o mesmo ocorre com a adoção, porque a analogia não é perfeita. Enquanto na adoção o Estado busca dar uma família à criança

interests cannot be at the expense of another's. Hence it is wrong to bring about a life whose prospects you can be reasonably sure will fall below a minimal threshold of decency".

369 Na Suécia, o uso da procriação assistida só poderá ter lugar se for possível supor que a futura criança crescerá em boas condições ("*inseminationen får utföras endast om det kan antas att det blivande barnet kommer att växa upp under goda förhållanden*"), segundo 3§, da *Lag (1984:1140) om insemination*.

370 RAPOSO, Vera Lúcia, "Dá-me licença que tenha filhos?"..., pp. 17-18.

abandonada, na PMA visa-se dar uma criança com laços biológicos (ou de aparência biológica) à família. A diferença que resulta das finalidades em causa, ajuda-nos a explicar a distinção de procedimentos legais, na medida em que na adoção os candidatos submetem-se a uma rigorosa avaliação para serem progenitores, na procriação medicamente assistida esses requisitos não se verificam, onde apenas será importante o preenchimento de requisitos objetivos previamente fixados em lei, o que de certo modo se aproxima com a reprodução natural, onde nada é avaliado[371]. Como referenciado em outra oportunidade, a adoção consagra-se como um meio de prover o bem-estar da criança e do jovem que não encontraram no seio familiar de origem um local adequado para sua sobrevivência e desenvolvimento[372]. É, assim, justificável (e desejável) essa avaliação. De outro lado, para o acesso à PMA, essa exigência não se justifica.

3.4. Critério do lapso temporal

Finalmente, outro requisito que resulta de uma analogia com o instituto da adoção é o critério do lapso temporal, que impõe um período de duração mínimo da relação dos beneficiários, para que possam recorrer à PMA. Para alguns, essa condição é destinada a assegurar a realização do melhor interesse da criança. Por isso, invoca-se a analogia com o regime da adoção, que impõe uma duração mínima de 4 anos (art. 1.979, n.º 1, do CC e art. 7.º, da Lei 7/2001, de 11 de maio)[373].

De nossa parte, ainda que se valorize uma perspectiva de tutela da criança, mais uma vez a analogia não nos convence. Como trabalhado anteriormente, a diferença resultante das finalidades almejadas para a adoção e para a

[371] RAPOSO, Vera Lúcia, *Direito à Imortalidade...*, p. 723.

[372] JARDIM, Mónica, A Adopção..., p. 300.

[373] É o que se vê na doutrina de PINHEIRO, Jorge Duarte, Procriação Medicamente Assistida..., pp. 774-775. Em publicação mais recente, PINHEIRO, Jorge Duarte, *Direito da Família Contemporâneo...*, p. 173, volta a enfatizar o regime diferenciado existente entre a PMA e a adoção, o que suscitaria dúvidas. Relativamente a contagem do prazo do casamento ou da união de fato, bem como o requisito da idade mínima, será aferido à data da apresentação da candidatura da adoção; já o limite de idade será aferido à data em que o menor é confiado ao adotante (comentários de Rute Teixeira Pedro, em PRATA, Ana, *Código Civil anotado*, vol. 2, artigos 1251.º a 2334.º, Almedina, Lisboa, 2017, p. 887).

procriação medicamente assistida, justificam a dessemelhança entre os procedimentos legais exigidos[374]. A adoção é "um instituto que visa a proteção da criança e a defesa do seu interesse de modo a assegurar, de forma definitiva, o seu futuro junto de outra família que lhe possa proporcionar todas as condições materiais e afectivas necessárias para o seu crescimento harmonioso, num ambiente familiar de bem-estar e de amor"[375]. É, assim, justificável a imposição de um critério de duração mínima na adoção, numa ideia de estabilidade conjugal. Em contrapartida, para o acesso à PMA, assim como ocorre na reprodução sexual, deverá ser indiferente o tempo de duração do casamento ou da união estável, razão pela qual não deverá ser acolhido.

374 Para tanto, cfr. capítulo III, "3.3. Critério de diligência parental".
375 JARDIM, Mónica, A Adopção..., p. 300.

Conclusões

Ao final de nossa pesquisa, três conclusões fundamentais podem ser feitas:

(i) Da cláusula de não tipicidade dos direitos fundamentais (art. 16.º, n.º 1, da CRP), pode-se afirmar que a reprodução humana é um direito fundamental, o qual deriva, desde logo, do princípio da dignidade humana (art. 1.º, da CRP), do direito à intimidade e reserva da vida privada e familiar (art. 26.º, n.º 1, da CRP), do direito ao desenvolvimento da personalidade (art. 26.º, n.º 1, da CRP) e, de forma mais direta, do direito a constituir família (art. 36.º, n.º 1, da CRP);

(ii) O direito à reprodução poderá operar-se, de igual modo, pela via das técnicas laboratoriais de reprodução, o que se extraí do princípio da dignidade humana (art. 1.º, da CRP), do direito ao desenvolvimento da personalidade (art. 26.º, n.º 1, da CRP), do direito a constituir família (art. 36.º, n.º 1, da CRP) e da efetivação das condições que permitam a realização pessoal dos membros da família (art. 67.º, n.º 1, da CRP). Esse direito, contudo, não implicará, *ipsis litteris,* num "direito ao filho", de modo a sugerir que os indivíduos possuem a pretensão juridicamente tutelada de obter ou exigir um filho (obrigação de resultado), mas antes num direito às condições que permitam ter um filho (obrigação de meio), o que passa pelas técnicas de PMA;

(iii) A aceitação da existência de um direito a procriar por técnicas de PMA implica a concomitante aceitação de limites ao seu exercício.

As restrições legais, a esse propósito, deverão ter em conta a proteção dos direitos de outras pessoas (em especial, os direitos da criança que virá a nascer) ou interesses constitucionalmente protegidos (art. 18.º, da CRP), afastando-se critérios injustificáveis ou até mesmo aqueles que nos remetem a padrões moralistas, que nada de juridicamente relevante nos conduziria. Em todo caso, deverão valer restrições justificadas e legítimas, fundadas em um juízo juridicamente relevante.

REFERÊNCIAS BIBLIOGRÁFICAS

ADINOLFI, Matteo, The artificial uterus, *Prenatal Diagnosis*, vol. 24, n.º 7, 2004, p. 570-572.

AGUILAR, Francisco, O Princípio da Dignidade da Pessoa Humana e a Determinação da Filiação em Sede de Procriação Medicamente Assistida, *Revista da Faculdade de Direito da Universidade de Lisboa*, vol. 41, n.º 2, Coimbra Editora, Coimbra, 2000, p. 655-713.

ANDRADE, José Carlos Vieira de, *Os direitos fundamentais na constituição portuguesa de 1976*, 5ª ed., Almedina, Coimbra, 2012.

_______, The Shadowlands: The Regulation of Human Reproduction in the United States, In: Sanford Katz, John Eekelaar e Mavis Maclean (edts.), *Cross Currents: Family Law and Policy in the US and England*, Oxford University Press, Nova York, 2000, p. 143-164.

ARAÚJO, Fernando, *A procriação assistida e o problema da santidade da vida*, Almedina, Coimbra, 1999.

ARCHARD, David, *Children: Rights and Childhood*, 2.ª ed., Routledge, Londres, 2004.

ASCENSÃO, José de Oliveira, Direito e Bioética, In: *Direito da Saúde e Bioética*, Lex Edições Jurídicas, Lisboa, 1991, p. 09- 38.

_______, Procriação Assistida e Direito, In: *Estudos em homenagem ao Professor Doutor Pedro Soares Martínez*, vol. 1, Almedina, Coimbra, 1998, p. 645-676.

_______, A Lei n.º 32/2006, sobre Procriação Medicamente Assistida, *Separata da Revista da Ordem dos Advogados*, ano 67, n.º 3, Lisboa, 2007, p. 977-1006.

BALKIN, Jack M., The Framework Model and Constitutional Interpretation, In: David Dyzenhaus e Malcolm Thorburn (edts.), *Philosophical foundations of Constitutional Law*, Oxford University Press, Oxford, 2016, p. 241-264.

BAYEFSKY, Michelle, Comparative preimplantation genetic diagnosis policyin Europe and the USA and its implications for reproductive tourism, *Reproductive BioMedicine and Society*, vol. 3, n.º 3, dez. 2016, p. 41-47, disponível em: https://www.sciencedirect.com/science/article/pii/S2405661817300047?via%3Dihub, acesso em: 27/05/2022.

BERNAL, Zoe Díaz e JORDÁ, Dailys García, Cultura sobre madernidad y paternidad y su repercusión en la concepción de la infertilidade, *Revista Cubana de Salud Pública*, vol. 36, n.º 3, Havana, jul./set. 2010, n.p., disponível em: http://scielo.sld.cu/scielo.php?pid=S0864-34662010000300002&script=sci_arttext&tlng=en, acesso em: 16/04/2022.

BERROGAL LANZAROT, Ana, Análisis de la nueva Ley 14/2006, de 26 de mayo sobre técnicas de reproducción humana asistida. Una primera aproximación a su contenido, *Revista de la Escuela de Medicina Legal*, jan. 2007, p. 40-70.

BIRNBACHER, Dieter, "Quality control" in reproduction – what can it mean, what should it mean?, In: Elisabeth Hildt e Sigrid Graumann (edts.), *Genetics in Human Reproduction*, Routledge, Ashgate/Brookfield/Singapore/Sydney, 1999, p. 119-126.

BOBBIO, Norberto, *A Era dos Direitos*, 13.ª reimpr., trad. de Carlos Nelson Coutinho, Editora Campus, Rio de Janeiro, 1992.

BRASE, Gary L. e BRASE, Sandra L., Emotional Regulation of Fertility Decision Making: What Is the Nature and Structure of "Baby Fever"?, *Emotion*, vol. 12, n.º 5, 2012, p. 1141-1154, disponível em: https://psycnet.apa.org/doiLanding?doi=10.1037%2Fa0024954, acesso em: 15/04/2022.

BONE, Leonardo Castro de, *A gestação de substituição: do acordo de vontades à solução dos problemas jurídicos que suscita*, dissertação de Mestrado em Ciências Jurídico-Civilísticas apresentada à Faculdade de Direito da Universidade de Lisboa, Lisboa, 2021.

CAMPIGLIO, Cristina, *Procreazione assistita e famiglia nel diritto Internazionale*, CEDAM, Padova, 2003.

CAMPOS, Diogo Leite de e CAMPOS, Mónica Martinez de, *Lições de Direito da Família*, 4.ª ed. rev. e atual., Almedina, Coimbra, 2018.

CAMPOS, Diogo Leite de, A procriação medicamente assistida heteróloga e o sigilo sobre o dador – ou a omnipotência do sujeito, In: José de Oliveira Ascensão (coord.), *Estudos de direito da bioética*, vol. 2, Coimbra, 2008, p. 73-86.

_______, *Lições de Direito da Família e das Sucessões*, 2ª. ed. rev. e atul., Almedina, Coimbra, 2008.

CANTOR, James M., *Male Homosexuality, Science, and Pedophilia*, 2002, p. 1-6, disponível em: https://leg.mt.gov/bills/2011/Minutes/House/Exhibits/juh59a02.pdf, acesso em: 19/05/2022.

CANOTILHO, J.J. Gomes, *Direito Constitucional e Teoria da Constituição*, 7.ª ed., 14ª reimpr., Almedina, Coimbra, 2003.

CANOTILHO, J.J. Gomes e MOREIRA, Vital, *A Constituição da República Portuguesa Anotada*, vol. 1, 4.ª ed. rev., Coimbra Editora, Coimbra, 2007.

COELHO, Francisco Pereira e OLIVEIRA, Guilherme de, *Curso de Direito da Família*, vol. 2, tomo 1, ed. com colaboração de Rui Moura Ramos, Coimbra Editora, Coimbra, 2006.

_______, *Curso de Direito da Família*, vol. 1, 5.ª ed. e-book, com colaboração de Rui Moura Ramos, Imprensa da Universidade de Coimbra, Coimbra, 2016.

COHEN, Glenn, The Constitution and the Rights Not to Procreate, *Stanford Law Review*, vol. 60, n.º 4, fev. 2008, p. 1135-1196.

CORRÊA, Sonia e ÁVILA, Maria Betânia, Direitos sexuais e reprodutivos: pauta global e percursos brasileiros, In: Elza Berquó (org.), *Sexo & vida: panorama da saúde reprodutiva no Brasil*, Unicamp, Campinas, 2003. p. 17-72.

CORTE-REAL, Carlos Pamplona e PEREIRA, José Silva, *Direito da Família: Tópicos para uma reflexão crítica*, 2.ª ed. atual., AAFDL, Lisboa, 2011.

CORTE-REAL, Carlos Pamplona, Os efeitos familiares e sucessórios da procriação medicamente assistida (P.M.A.), In: José de Oliveira Ascensão (coord.), *Estudos de Direito da Bioética*, Almedina, Coimbra, 2005, p. 93-112.

_______, *Curso de Direito das Sucessões*, Quid Juris, Lisboa, 2012.

COULANGES, Fustel de, *La cité antique Étude sur le culte, le droit, les institutions de la Grèce et de Rome*, Cambridge University Press, Nova York, 2010.

CUNHA, Maria do Carmo Vieira da, CARVALHO, João Alberto *et alli*, Infertilidade: associação com transtornos mentais comuns e a importância do apoio social, *Revista de Psiquiatria do Rio Grande do Sul*, vol. 30, n.º 3, set./dez. 2008, Porto Alegre, p. 201-210.

CUNHA, Vanessa, A fecundidade das famílias, In: Karin Wall (org.), *Famílias em Portugal*, Imprensa de Ciêncais Sociais, Lisboa, 2005, p. 395-464.

COUTINHO, Diana, Tecnologia e reprodução humana: a fertilização in vitro trigamética. Entre o milagre da reprodução e os perigos da desumanização, In: Benedita Mac Crorie, Miriam Rocha e Sónia Moreira (coords.), *Temas de Direito e Bioética: Novas questões do Direito da Saúde*, vol. 1, investigações da I Conferência Internacional de Direito e Bioética, DH-CII/JUSGOV/EDUM, Braga, 2018, p. 63-91.

DAVIS, Dena S., Genetic Dilemmas and the Child's Right to an Open Future, *Rutgers Law Journal*, vol. 28, 1997, p. 549-592.

DEECH, Ruth, Losing Control? – Some Cases, In: Marie-Thérèse Meulders-Klein, Ruth Deech e Paul Vlaardingerbroek (edts.), *Biomedicine, the Family and Human Rights*, Kluwer Law International, The Hauge/ London/ NewYork, 2002, p. 581-598.

DENNISON, Michelle, Revealing Your Sources: The Case for Non-Anonymous Gamete Donation, *Journal of Law and Health*, vol. 21, n.º 1, 2007/2008, p. 1-27.

DIAS, Jorge de Figueiredo, *Comentário Conimbricense do Código Penal*, Parte Especial, tomo 1, arts. 131.º a 201.º, 2.ª ed., Coimbra Editora, Coimbra, 2012.

DIAS, Maria Berenice, *Manual de Direito das Famílias*, 12.ª ed. rev., ampl. e atual., Revista dos Tribunais, São Paulo, 2017.

D'ONORIO, Joël-Benoît, LEJEUNE, Jerôme *et alli*, *La vie prénatale: biologie, morale et droit*, Téqui, Paris, 1986.

DUARTE, Tiago, *In vitro veritas? A procriação medicamente assistida na constituição e na lei*, Almedina, Coimbra, 2003.

DWORKIN, Roger B., *Limits: The Role of the Law in Bioethical Decision Making Medical Ethics Series*, ed. em e-book, Indiana University Press, Indianapolis, 1996.

DWORKIN, Ronald, *Life's Domination: Na Argument about Abortion and Euthanasia*, Alfred A. Knopf, New York, 1993.

_______, *Los Derechos en Serio*, trad. para o espanhol por Marta Guastavino, 5.ª reimpr. da 2.ª ed., Editorial Ariel, Barcelona, 2017.

EMMERSON, Glenda, Surrogacy: Born for Another, *Research Bulletin*, n.º 8/96, Queensland Parliamentary Library, Brisbane, 1996.

ENGELS, Friedrich, *A Origem da Família, da Propriedade Privada e do Estado*, 9.ª ed. em português, trad. Leandro Konder, Civilização Brasileira, Rio de Janeiro, 1984.

ERIN, Chales e HARRIS, John, Surrogacy, *Baillière's Clinical Obstetrics and Gynaecology*, vol. 5, n.º 3, set. 1991, p. 611-635.

EZRA, Ovadia, *The Withdrawal of Rights: Rights from a Different Perspective*, Springer, Boston, 2002.

FARIA, Dieime Elaine Pereira de, GRIECO, Silvana Chedid *et alli*, Efeitos da infertilidade no relacionamento dos cônjuges, *Revista da Escola de Enfermagem da USP*, vol. 46, n.º 4, ago. 2012, São Paulo, p. 794-801.

FARIAS, Cristiano Chaves de e ROSENVALD, Nelson, *Curso de Direito Civil: Famílias*, 9ª ed., JusPodivm, Bahia, 2016.

FERNÁNDEZ, María Carcaba, *Los Problemas Jurdicos Planteados por las Nuevas Tecnicas de Procreacion Humana*, José Maria Bosch Editor S.A., Barcelona, 1995.

FREEDMAN, Lynn P. e ISAACS, Stephen L., Human Rights and Reproductive Choice, *Studies in Family Planning*, vol. 24, n.º 1, jan./fev. 1993, p. 18-30.

GARCIA, Valter Duro, GARCIA, Clotilde Druck *et alli*, Critérios de distribuição de órgãos, In: Clotilde Druck Garcia (org.), *Manual de doação e transplantes. Informações práticas sobre todas as etapas do processo de doação de órgãos e transplante*, Libretos, Porto Alegre, 2017, p. 107-115, disponível em: https://site.abto.org.br/wp-content/uploads/2020/08/Manual--de-Doac%CC%A7a%CC%83o-e-Transplante-de-O%CC%81rga%CC%83os-2017-1.pdf, acesso em: 23/05/2022.

GILBERT, Sheri, Fatherhood from the Grave: An Analysis of Postmortem Insemination, *Hofstra Law Review*, vol. 22, n.º 2, 1993, p. 521-565.

GOMEZ SANCHEZ, Yolanda, *El Derecho a la Reproducción humana*, Marcial Pons, Madrid, 1994.

GOODWIN, Michele e DUKE, Naomi, Capacity and Autonomy: A Thought Experiment on Minors' Access to Assisted Reproductive Technology, *Harvard Journal of Law & Gender*, vol. 34, 2011, p. 503-552.

HENIG, Robin Marantz, *Pandora's Baby: How the First Test Tube Babies Sparked the Reproductive Revolution*, Houghton Mifflin Company, Boston, 2004.

_______, What does it mean to be a "parent"? The claims of biology as the basis for parental rights, *New York University Law Review*, n.º 66, 1991, p. 353-420.

HODSON, Nathan e PARKER, Joshua, The ethical case for non-directed postmortem sperm donation, *Journal of Medical Ethics*, vol. 46, n.º 7, 2020, p. 489-492, disponível em: https://jme.bmj.com/content/46/7/489, acesso em: 22/05/2022.

HOLM, Soren, Embryology, Ethics of, In: Ruth F Chadwick, Encyclopedia of Applied Ethics, 2ª ed., vol. 3, Academic Press, 2012, p. 81-87.

IGLESIAS, Teresa, *IVF and Justice: Moral, Social and Legal Issues Related to Human, in Vitro Fertilisation*, The Linacre Centre for Health Care Ethics, Londres, 1991.

JACKSON, Emily, *Regulating Reproduction: Law, Technology and Autonomy*, Hart Publishing, Oxford, 2001.

JARDIM, Mónica, A Adopção, In: Guilherme de Oliveira (coord.), *Volume Comemorativo dos 10 Anos do Curso de Pós-graduação "Protecção de menores – Prof. Doutor F. M. Pereira Coelho"*, Coimbra Editora, Coimbra, 2008, p. 297-314.

JONES, Gareth, *Designers of the Future: Who should make the decisions?*, Monarch Books, Oxford, 2005.

KING, Jaime, And Genetic Testing For All...The Coming Revolution in Non-Invasive Prenatal Genetic Testing, *Rutgers Law Journal*, vol. 42, n.º 3, 2011, p. 599-658.

LAMM, Eleonora, *Gestación por sustitución. Ni maternidade subrogada. Ni alquiler de vientres*, ed. em e-book, Universitat de Barcelona, Barcelona, 2013.

LISSA, Giuseppe, La procreazione assistita tra conflitti di valori e conflitti di doveri, In: Paolo Amodio (edt.), *La procreazione medicalmente assistita: attualità bioetica e attualità giuridica*, Edizioni Partagées, Napoli, 2005, p. 24-38.

LOUREIRO, João Carlos Gonçalves, Filho(s) de um gâmeta menor? Procriação medicamente assistida heteróloga, *Lex Medicinae*, ano 3, n.º 6, Coimbra Editora, Coimbra, 2006, p. 5-48.

_______, Há mais vida para além da letra: a questão das chamadas (homo)parentalidades e a (re)leitura da lei de procriação medicamente assistida, *Revista Portuguesa de Bioética*, vol. 11, 2010, p. 273-293.

MALUF, Adriana Dabus, *Curso de Bioética e Biodireito*, 4.ª ed., Almedina, São Paulo, 2020.

MARCOVITCH, Harvey, *Black's Medical Dictionary*, 42ª ed., A & C Black, Londres, 2009.

MENDES, João de Castro, *Direito da Família*, edição revista por Miguel Teixeira de Sousa, AAFDL, Lisboa, 1990/1991.

MASSAGER, Nathalie, *Les droits de l'enfant à naitre*, Collection de la Faculté de Droit de l'Université Libre de Bruxelle, Bruylant, Bruxelas, 1997.

MASSIE, Ann MacLean, Regulating Choice: A Constitutional Law Response to Professor John A. Robertson's Children of Choice, *Washington and Lee Law Review*, vol. 52, n.º 1, 1995, p. 135-171.

MEULDERS-KLEIN, Marie-Therese, Le droit de l'enfant face au droit a l'enfant et les procreations medicalement assistées, *Revue trimestrielle de droit civil*, ano 87, n.º 4, 1988, p. 645-672.

MIRANDA, Jorge e MEDEIROS, Rui, *Constituição Portuguesa anotada*, tomo 1, Coimbra Editora, Coimbra, 2005.

MIRANDA, Jorge, *Manual de Direito Constitucional*, tomo 4, 3.ª ed. rev. e atual., Coimbra Editora, Coimbra, 2000.

_______, A abertura constitucional a novos direitos fundamentais, In: Ruy de Albuquerque e Martin de Martim de Albuquerque (coords.), *Estudos em Homenagem ao Professor Doutor Manuel Gomes da Silva*, Coimbra Editora, Coimbra, 2001, p. 559-572.

MOREIRA, Sónia, Igualdade de género e parentalidade, In: Patrícia Jerónimo (coord.), *Igualdade de género: velhos e novos desafios*, DH-CII/JUSGOV/EDUM, Braga, 2019, p. 119-138.

MORICE, Philippe, JOSSET, Patrice *et alli*, History of infertility, *Human Reproduction Update*, vol. 1, n.º 5, 1995, p. 497-504.

NAKANO, Fabiana Y., LEAO, Rogério de Barros F. *et alli*, Insights into the Role of Cervical Mucus and Vaginal PH in Unexplained Infertility, *Medical Express*, vol. 2, n.º 2, 2015, n.p., disponível em: https://www.scielo.br/j/medical/a/qjRg5mV765Dvs5tYjCtBwyC/?lang=en, acesso em: 26/05/2022.

NELSON, James Lindemann, Parental Obligations and the Ethics of Surrogacy: A Causal Perspective, *Public Affairs Quarterly*, vol. 5, n.º 1, 1991, p. 49-61.

NEVES, M. Patrão, A infertilidade e o desejo de procriar: perspectiva filosófica, In: Rui Nunes e Helena Melo (coords.), *A ética e o direito no início da vida humana*, Gráfica de Coimbra, Coimbra, 2001, p. 75-97.

NOVAIS, Jorge Reis, *A Dignidade da Pessoa Humana: Dignidade e Inconstitucionalidade*, vol. 2, Almedina, Coimbra, 2016.

_______, *Direitos Fundamentais e Justiça Constitucional*, AAFDL, Lisboa, 2017.

OLIVEIRA, Guilherme de, Aspectos jurídicos da procriação assistida, In: *Temas de Direito da Medicina I*, Coimbra Editora, Coimbra, 1999, p. 73-90.

_______, *Critério Jurídico da Paternidade*, reimpr., Coimbra: Almedina, 2003.

_______, *Estabelecimento da Filiação*, Petrony, Lisboa, 2019.

OTERO, Paulo, *Personalidade e identidade pessoal e genética do ser humano: um perfil constitucional da bioética*, Almedina, Coimbra, 1999.

PECES-BARBA, Gregorio, *Curso de Derechos Fundamentales: teoria general*, Universidad Carlos III de Madrid, Madrid, 1995.

PEDRO, Rute Teixeira, Uma revolução na conceção jurídica da parentalidade? Breves reflexões sobre o novo regime jurídico da procriação medicamente assistida, In: Luísa Neto e Rute Teixeira Pedro (orgs.), *Atas do Seminário Debatendo a procriação medicamente assistida*, FDUP/CIJE, Porto, 2017, pp. 107-126.

PEREIRA, André Gonçalo Dias, *Direitos dos pacientes e responsabilidade médica*, dissertação de Doutoramento em Ciências Jurídico-Civilísticas apresentada à Faculdade de Direito da Universidade de Coimbra, Coimbra, 2012.

PEREIRA, Maria Margarida Silva, *Direito da Família*, Lisboa: AAFDL, 2018.

PENNINGS, G., WERT, G. de *et alli*, "ESHRE Task Force on Ethics and Law 14: Equity of access to assisted reproductive technology", *Human Reproduction*, vol. 23, n.º 4, 2008, p. 772-774.

PINHEIRO, Jorge Duarte, Procriação Medicamente Assistida, In: Jorge Miranda, Luís de Lima Pinheiro e Dário Moura Vicente (coords.), *Estudos em Memória do Professor Doutor António Marques dos Santos*, vol. 1, Almedina, Coimbra, 2005, p. 753-786.

_______, *Direito da Família Contemporâneo*, 6.ª ed., AAFDL, Lisboa, 2018.

_______, *Temas de Direito Pediátrico. Saúde da criança, capacidade e sujeição a responsabilidades parentais*, 1.ª ed., Gestlegal, Coimbra, 2021.

_______, *O Direito das sucessões contemporâneo*, Gestlegal, Lisboa, 2022.

PRATA, Ana, *Código Civil anotado*, vol. 2, artigos 1251.º a 2334.º, Almedina, Lisboa, 2017.

PRIAULX, Nicolette, Rethinking Progenitive Conflict: Why Reproductive Autonomy Matters, *Medical Law Review*, vol. 16, n.º 2, 2008, p. 169-200.

PURDY, Laura M., *Reproducing Persons: Issues in Feminist Bioethics*, 1.ª ed., Cornell University Press, Ithaca e Londres, 1996.

RAIMUNDO, José Miguel, Infertilidade uma realidade atual?, *Revista Revisores e Auditores*, Lisboa, out./dez. 2015, p. 66, disponível em: http://www.oroc.pt/fotos/editor2/Revista/71/Saude.pdf, acesso em: 16/04/2022.

RAPOSO, Vera Lúcia e DANTAS, Eduardo, Aspectos jurídicos da reprodução *post-mortem*, em perspectiva comparada Brasil-Portugal, *Lex Medicinae*, ano 7, n.º 14, 2010, p. 81-94.

RAPOSO, Vera Lúcia, *De mãe para mãe: Questões legais e éticas suscitadas pela maternidade de substituição*, Coimbra Editora, Coimbra, 2005.

_______, Direitos reprodutivos, *Lex Medicinae*, ano 2, n.º 3, 2005, p. 111-131.

_______, Pode trazer-me o menu, por favor? Quero escolher o meu embrião: os múltiplos casos de selecção de embriões em sede de diagnóstico genético pré-implantação, *Lex Medicinae*, Coimbra, ano 4, n.º 8, 2007, p. 59-84.

_______, *Direito à Imortalidade: o exercício de direitos reprodutivos mediante técnicas de reprodução assistida e o estatuto jurídico do embrião in vitro*, Almedina, Coimbra, 2014.

_______, "Dá-me licença que tenha filhos?": restrições legais no acesso às técnicas de reprodução assistida, *Revista Direito GV*, São Paulo, vol. 15, n.º 2, 2019, disponível em: https://doi.org/10.1590/2317-6172201915, acesso em: 11/04/2022.

Regulating Preimplantation Genetic Diagnosis: The Pathologization Problem, *Harvard Law Review*, vol. 118, n.º 8, jun. 2005, pp. 2770-2791.

REIS, Rafael Vale e, *O Direito ao conhecimento das origens genéticas*, Coimbra Editora, Coimbra, 2008.

_______, Responsabilidade penal na procriação medicamente assistida – A criminalização do recurso à maternidade de substituição e outras opções legais duvidosas, *Lex Medicinae*, ano 7, n.º 13, 2010, p. 69-93.

_______, *Procriação medicamente assistida: Gestação de substituição, anonimato do dador e outros problemas*, Gestlegal, Coimbra, 2022.

REYNOLDS, Melissa, How old is too old?: The need for federal regulation imposing a maximum age limit on women seeking infertility treatments, *Indiana Health Law Review*, vol. 7, n.º 2, 2010, p. 277-304.

RIBEIRO, Ana Raquel, Aspectos jurídicos da procriação medicamente assistida *post mortem*, In: *Estudos. Doutoramento & Mestrado*, Instituto Jurídico/FDUC, Coimbra, 2020, disponível em: https://www.uc.pt/site/assets/files/435642/sm_11.pdf, acesso em: 22/05/2022.

RIBEIRO, Jorge Martins, *O Direito do Homem a Reijeitar a Paternidade de Filho Nascido Contra a sua Vontade*, Coimbra Editora, Coimbra, 2013.

ROBERTSON, John, Procreative Liberty and the Control of Conception, Pregnancy, and Childbirth, *Virginia Law Review*, vol. 69, n.º 3, abr. 1983, p. 405-464.

_______, *Children of Choice: Freedom and the New Reproductive Technologies*, Princeton University Press, Princeton, 1994.

ROSE, Andre, Reproductive Misconception: Why Cloning Is Not Just Another Assisted Reproductive Technology, *Duke Law Journal*, vol. 48, n.º 5, 1999, p. 1133-1156.

ROTHMAN, Barbara Katz, Infertility as Disability, In: Tom L. Beauchamp e LeRoy Walters (edts.), *Contemporary Issues in Bioethics*, Wadsworth Publishing Company, Belmont, 1999.

SERNA MEROÑO, Encarna, Reflexiones en torno a la maternidad subragada, In: Helena Mota e Maria Raquel Guimarães (coords.), *Autonomia e heteronomia no Direito da Família e no Direito das Sucessões*, 1ª ed., Almedina, Coimbra, 2016, p. 807-821.

SPECTOR, Malcolm e KITSUSE, John, *Constructing Social Problems*, Transaction Publishers, New Brunswick, 2001.

STEINBOCK, Bonnie, Surrogate Motherhood as Parental Adoption, In: *Legal and Ethical Issues in Human Reproduction*, Ashgate, Aldershot, 2002, p. 44-50.

THÉVOZ, Jean-Marie, The Rights of Children to Information Following Assisted Conception, In: Donald Evans e Neil Pickering (edts.), *Creating the Child: The Ethics, Law and Practice of Assisted Procreation*, Martinus Nikhoff Publishers, Haia, 1996, p. 195-209.

VARELA, Antunes, A inseminação artificial e a filiação perante o direito português e o direito brasileiro, *Revista brasileira de direito comparado*, ano 8, n.º 15, 1993, p. 01-35.

VELA SÁNCHEZ, Antonio, El derecho a elegir el sexo de los hijos, *La Ley: Revista jurídica española de doctrina, jurisprudencia y bibliografía*, n.º 1, 2007, p. 1697-1709.

VELTE, Kyle C., Egging On Lesbian Maternity: The Legal Implications of Tri-gametic In Vitro Fertilization, *The American University Journal of Gender*, Social Policy & the Law, vol. 7, n.º 3, 1999, p. 431-464.

VERA-CRUZ, Eduardo, *Curso Livre de Ética e Filosofia do Direito*, 1.ª ed., Princípia, Cascais, 2010.

VIANA, Marco Aurélio S., Da Inseminação Artificial, *Revista da Faculdade de Direito da Universidade Federal de Minas Gerais*, vol. 27, n.º 21, 1979, p. 238-260.

TEXTOS, DOCUMENTOS E NOTÍCIAS DISPONIBILIZADAS EM SÍTIOS ELETRÔNICOS

ADMINISTRAÇÃO CENTRAL DO SISTEMA DE SAÚDE e DIRECÇÃO-GERAL DA SAÚDE, *Circular Normativa Conjunta 4/ACSS/DGS*, março de 2022, disponível em: https://www.acss.min-saude.pt/wp-content/uploads/2016/11/Normativa-4-2022-Acesso-a-Tratamentos-de-Procria%C3%A7%C3%A3o-Medic_DO_.pdf, acesso em: 02/05/2022.

CORREIO DA MANHÃ, *Médico prepara primeiro transplante de útero para que mulher transgénero possa engravidar*, maio de 2022, disponível em: https://www.cmjornal.pt/mundo/detalhe/medico-prepara-primeiro-transplante-de-utero-para-que-mulher-transgenero-possa-engravidar, acesso em: 17/05/2022.

EL PAÍS, *Especialista diz que homens podem engravidar*, novembro de 2017, disponível em: https://www.cmjornal.pt/sociedade/detalhe/especialista-diz-que-homens-podem-engravidar, acesso em 18/05/2022.

_______, *Cientistas abrem as portas para a ampliação da idade fértil das mulheres*, janeiro de 2020, disponível em: https://brasil.elpais.com/ciencia/2020-01-31/cientistas-abrem-as-portas-para-a-ampliacao-da-idade-fertil-das-mulheres.html, acesso em: 15/05/2022.

EXPRESSO, *Doação de espermatozoides e de óvulos cai a pique*, fevereiro de 2021, disponível em: https://expresso.pt/sociedade/2021-02-11-Doacao-de-espermatozoides-e-de-ovulos-cai-a-pique-1, acesso em 18/05/2022.

INSTITUTO NACIONAL DE ESTATÍSTICA, *Tábuas de Mortalidade em Portugal 2018-2020*, setembro de 2021, disponível em: https://www.ine.pt/xportal/xmain?xpid=INE&xpgid=ine_destaques&DESTAQUESdest_boui=473165032&DESTAQUESmodo=2, acesso em: 23/05/2022.

OBSERVADOR, *Mais do que duplicou o número de mulheres à espera de dadores para poderem ser mães*, agosto de 2019, disponível em: https://observador.pt/2019/08/28/mais-do-que-duplicou-o-numero-de-mulheres-a-espera-de-dadores-para-poderem-ser-maes/, acesso em: 18/05/2022.

PÚBLICO, *Autorizado primeiro "bebé-medicamento" em Portugal*, abril de 2015, disponível em: https://www.publico.pt/2015/04/30/sociedade/noticia/autorizado-primeiro-bebe-medicamento-em-portugal-1694062, acesso em: 18/05/2022.

_______, *Envelhecida e desequilibrada, China põe fim à política de filho único*, outubro de 2015, disponível em: https://www.publico.pt/2015/10/29/mundo/noticia/china-poe-fim-a-politica-de-filho-unico-1712712, acesso em: 16/05/2022.

_______, *Especialistas de medicina de reprodução lançam campanha que apela à doação de óvulos e espermatozóides*, março de 2019, disponível em: https://www.publico.pt/2019/03/09/sociedade/noticia/especialistas-medicina-reproducao-lancam-campanha-apela-doacao-gametas-1864783, acesso em: 16/05/2022.

THE GUARDIAN, *Let men in Britain donate sperm after death, say ethicists*, Janeiro de 2020, disponível em: https://www.theguardian.com/science/2020/jan/21/let-men-in-britain-donate-sperm-after-death-say-ethicists, acesso em 20/05/2022.

TVI24, *Banco público de gâmetas não recebeu nenhuma dádiva de espermatozóides em 2020*, fevereiro de 2021, disponível em: https://tvi24.iol.pt/sociedade/doacao/banco-publico-de-gametas-nao-recebeu-nenhuma-dadiva-de-espermatozoides-em-2020, acesso em: 18/05/2022.

CONSELHO NACIONAL DE ÉTICA PARA AS CIÊNCIAS DA VIDA, *Relatório anexo ao parecer 44/CNECV/04*, julho de 2004, disponível em: https://www.cnecv.pt/pt/deliberacoes/pareceres/parecer-sobre-a-procriacao-medicamente-assistida-44-cnecv-2004?download_document=3018&token=be2dca77ea466f82af52f639a89d4d39, acesso em 04/05/2022.

CONSELHO NACIONAL DE PROCRIAÇÃO MEDICAMENTE ASSISTIDA, *Requisitos e Parâmetros de Funcionamento dos Centros de PMA*, outubro de 2018, disponível em: https://www.cnpma.org.pt/profissionais/Documents/Profissionais_Requisitos_CentrosPMA_2018_.pdf, acesso em: 03/05/2022.

_______ – *Fertilização In Vitro ou Microinjeção Intracitoplasmática de Espermatozoide com Doação de Ovócitos (Casal de sexo diferente com infertilidade), Modelo de Consentimento Informado*, julho 2020, disponível em: https://www.cnpma.org.pt/CNPMA%20Modelos%20de%20Consentimento/CI_08.pdf, acesso em: 27/04/2022.

HORSEY, Kirsty, UK's HFEA updates single embryo transfer fee proposal, *Bio News*, Reino Unido, agosto de 2010, n.p., disponível em: https://www.bionews.org.uk/page_92518, acesso em: 06/04/2022.

IGREJA CATÓLICA, *Instrução sobre o respeito à vida humana nascente e a dignidade da procriação (Instrução Donum vitae)*, fevereiro de 1987, disponível em: https://www.vatican.va/roman_curia/congregations/cfaith/documents/rc_con_cfaith_doc_19870222_respect-for-human-life_po.html, acesso em: 10/04/2022.

_______, *Carta encíclica Evangelium Vitae, do Sumo Pontífice João Paulo II aos bispos, aos presbíteros e diáconos, aos religiosos e religiosas, aos fiéis, leigos e a todas as pessoas de boa vontade sobre o valor e a inviolabilidade da vida humana*, março de 1995, disponível em: <http://www.vatican.va/content/john-paul-ii/pt/encyclicals/documents/hf_jp-ii_enc_25031995_evangelium-vitae.html, acesso em: 10/04/2022.

MADEN, Charlotte, Overweight women risk IVF miscarriage, *Bio News*, Reino Unido, junho de 2010, n.p., disponível em: https://www.bionews.org.uk/page_92418, acesso em: 06/04/2022.

RAMALHO, Bruno, A idade da mulher e o risco de doenças genéticas para o bebê, *Reprodução Humana*, junho de 2020, n.p., disponível em: https://brunoramalho.med.br/a-

-idade-da-mulher-tem-a-ver-com-a-genetica-do-bebe-risco-de-doencas-geneticas/, acesso em: 05/05/2022.

RICKMAN, Jamie, Why single embryo transfers in IVF sometimes result in twins, *Bio News*, Reino Unido, outubro de 2018, n.p., disponível em: https://www.bionews.org.uk/page_139023, acesso em: 06/04/2022.

ÍNDICE DE JURISPRUDÊNCIA CITADA

Jurisprudência da Alemanha
Bundesgerichtshof, 7, 198, *Lüth* (1958).
Bundesgerichtshof, 5 StR 386/09, *wegen Verstoßes gegen das Embryonenschutzgesetz* (2010).

Jurisprudência da Corte Interamericana de Direitos Humanos
Artavia Murillo y otros contra Costa Rica, decisão de 28 de novembro de 2012, CIDH.

Jurisprudência da Escócia
Scottish Court of Session Decisions, MacLennan v. MacLennan, 1958, Sess. Cas. 105.

Jurisprudência da França
Trinbunal de Grande Instance de Creteil, Parpalaix v. CECOS, de 01 de agosto de 1984.

Jurisprudência da Itália
Corte Constituzionale, sentenza 151/2009, de 08 de maio de 2009.
Corte Constituzionale, sentenza 162/2014, de 09 de abril de 2014.
Corte Constituzionale, sentenza 96/2015, de 14 de maio de 2015.

Jurisprudência de Portugal
Supremo Tribunal de Justiça, ac. n.º 2790/16.0T8VFX.L1.S1, de 06 de novembro de 2018, juiz relator Pinto de Almeida.
Tribunal Constitucional, ac. n.º 101, de 01 de abril de 2009, Conselheiro relator Carlos Fernandes Cadilha.
Tribunal Constitucional, ac. n.º 225, de 07 de maio de 2018, Conselheiro relator Pedro Machete.

Jurisprudência do Brasil
Superior Tribunal de Justiça, REsp n.º 1.918.421/SP, de 08 de junho de 2021, ministro relator Marco Buzzi.

Jurisprudência do Reino Unido

Court of Appeal, R v. Human Fertilisation and Embryology Authority, ex parte Blood [1997] 2 All ER 687.

Jurisprudência dos Estados Unidos da América

California Supreme Court, People *v. Sorensen,* 437 P.2d 495, 501 (1968).
California Supreme Court, K.M. v. E.G., 117 P.3d 673 (2005).
California Appellate Court, Jhordan C. v. Mary K., 224 Cal. Rptr. 530 (Ct. App. 1986).
California Appellate Court, Hecht v. Superior Court, 20 Cal. Rptr. 2d 275, 288 (Ct. App. 1993).
California Appellate Court, Buzzanca v. Buzzanca, 72 Cal. Rptr. 2d 280 (1998).
New Jersey Superior Court, C.M. v. C.C., 377 A.2d 821 (NJ. Juv. & Dom. Rel. Ct. 1977).
New Jersey Supreme Court, Baby M, 537 A.2d 1227, 109 N.J. 396 (N.J. 1988).
New York Court of Appeals, Thomas S. v. Robin Y., 618 N.Y.S.2d. 356 (App. Div. 1994).
Tennessee Supreme Court, Davis v. Davis, 842 S.W.2d 588 (Tenn. 1992).
U.S. Court of Appeals, Ninth Circuit, Gerber v. Hickman, 291 F.3d 617, 9th Cir. (2002).
U.S. District Court for the Northern District of Illinois, Lifchez v. Hartigan, 735 F. Supp. 1361, 1363, N.D. III. (1990).
U.S. Supreme Court, Meyer v. Nebraska, 262 U.S. 390 (1923).
U.S. Supreme Court, Buck v. Bell, 274 U.S. 200 (1927).
U.S. Supreme Court, Skinner v. Oklahoma, 316 U.S. 535 (1942).
U.S. Supreme Court, Griswold v. Connecticut, 381 U.S. 479 (1965).
U.S. Supreme Court, Eisenstadt v. Baird, 405 U.S. 438 (1972).
U.S. Supreme Court, Roe v. Wade, 410 U.S. 113 (1973).
U.S. Supreme Court, Planned Parenthood of Central Missouri v. Danforth, 428 U.S. 52, 53 (1976).
U.S. Supreme Court, Carey v. Population Services International, 431 U.S. 678 (1977).
U.S. Supreme Court, Planned Parenthood of Southeastern Pa. v. Casey, 505 U.S. 833 (1992).
U.S. Supreme Court, Bragdon v. Abbott, 524 U.S. 624 (1998).

Jurisprudência do Tribunal Europeu dos Direitos do Homem

X and Y v. The Netherlands, n.º 8978/80, decisão de 26 de março de 1985, TEDH.
X v. Iceland, n.º 6825/74, decisão de 13 de maio de 1976, TEDH.
Evans v. The United Kingdom, n.º 6339/05, decisão de 10 de abril de 2007, TEDH.
Dickson v. The United Kingdom, n.º 44362/04, decisão de 04 de dezembro de 2007, TEDH.
S.H. and Others v. Austria, n.º 57813/00, decisão de 03 de novembro de 2011, TEDH.